人生がどんどん良くなる

どんよくの法則

DON YOKU!

ユーチューバーQさん 石田久二 Hisatsugu Ishida

サンマーク出版

この本を手に取ってくださって、ありがとうございます。

Qさんこと、石田久二です。

さて、あなたがこの本を手に取ってしまったきっかけは何？
YouTube？　ブログ？　本屋さん？　人から薦められた？
きっかけはいろいろあるだろうけど、言えることはひとつ！

それは、あなたが**ピーハツ**（ハッピー）になるために引き寄せたってこと！
あなたの脳が**「どんどん良くなる」という真実**
に気づいちゃったから。

ぶっちゃけ、もうこの本を見つけてしまった時点で、
あなたのピーハツは決定してるし、
その時点で目的達成しちゃったわけ。

あなたの人生はつぎのフェーズに進みました。

最高。おめでとうございます！

最後まで読んだら、想定外に

「すごいこと」が起こるからお楽しみにね。

テンション上げて読んでこう！

どうも〜。
この本の著者
Qさんです！
最高！
ピーハッツ!!
ハッピーな人が
大好きな
ピーハツくんで〜す

プロローグ

「どんよくの法則」で、どんどん良くなる！

「本当にすごいことが起こった！」と報告殺到の理由

「いまから48時間以内に『すごいこと』が起こりますよ」

あるとき、こんな呼びかけをオレが運営するYouTubeチャンネル「宇宙となかよし／Qさん」でしてみた。するとどうだろう。

つぎつぎと「本当にすごいことが起こった！」と報告が相次いだ。

実際、**5000件近くあるコメントのじつに8割が「すごいこと」の報告**であり、これを「偶然」と片付けるには、ちょっともったいない。ぜひ、オレのYouTubeチャンネルの「【すごい】48時間以内にすごい！　すごい！　すごいことが起こる話です！！！」のコメント欄を見てほしい。

「予想外の臨時収入があった」「彼（彼女）と復縁できた」「大好きな人から告白された」「就職が決まった」「ペットの病気が改善した」……などいろいろな報告がある。

改めて、この本のために募集したコメントはつぎの通り。

◎急に大金を支払わなくてはならない事態が発生。時間もなく本当に困っていたときに、Qさんの「48時間」の動画を思い出し、藁《わら》にもすがる思いで口に出して言ってみました。気を紛らわすために部屋の掃除を何げなく始めたところ、学生時代に利用していた**銀行の通帳とキャッシュカードを発見！　78万円のお金が入っていました。**おかげで支払いができただけでなく、自分がやりたかった仕事の勉強に残ったお金を使いました。（サトル・30代・男性）

◎中古マンションを買おうと物件を探していましたが、不動産屋さんから予算と条件に合うのはもうないと言われ、あきらめかけていたときでした。この動画を見たつぎの日、**不動産屋さんから「予算と条件に合うのが1軒だけありました！」と電話を受けビックリしました。**なんでも物件の資料を徹夜で3回も見直してくれたとのこと。見に行った物件は本当に良物件でした。しかも、不動産屋さんが大家さんと交渉してくださり、**50万円の値下げまでしてくださいました。**（はる・30代・女性）

◎まず**自分のYouTubeの登録者数と再生数が一気に伸びた**ことですね。かなり驚きました！　その後もたまに実践しますが、**そのたびに仕事が入ってきたり、プライベートでうれしいことがあったり**と良いことが多いです♪（工藤尚規・30代・男性）

◎願いは家族のこと。大学を中退し、やりたいことがあると見切り発車で夢くだけ、廃人のような荒《すさ》んだ生活を都内のぼろアパートで送っていた息子。家族の誰の話にも耳をかさず、たびたび音信不通。心配で困り果て、あきらめかけていたあの日の「48時間」動画。「もしも、願いがかなうなら生きて帰ってきてほしい」。

その翌日の夜、息子から突然の電話があり自分から帰ってくると報告されました。嘘《うそ》みたい！　本当に願いがかなった！　いまでは、Uターンアルバイトを始めて新たな

夢を追いかけはじめています。（マリぶー・50代・女性）

なぜこのような「奇跡」が起こったのだろうか？
オレに奇跡を起こす力があるから……**というわけでは、もちろんない。**

さて。突然だけど目を瞑《つむ》ってほしい。
あ、ごめんなさい、目を瞑ったら読めないか（笑）。
じゃあ、まずこの文を読んで……。

「赤いものはどこにある？」

そして、目を瞑って5秒数えてから目をあけてほしい。
どうだろう。「赤いもの」が目に飛び込んできたんじゃないだろうか？
オレはいま、カフェでこれを書いているのだけど、コーヒーカップのロゴに「赤」

があった。何度もこのカフェには来ているけど、初めて知った事実だ。

このネタは、自己啓発が好きな人なら一度はやったことがあるワークかもしれない。こんなバリエーションもある。

「目を瞑って赤いものをイメージしてください。1、2、3、4、5、はい、目をあけて『黄色いもの』を探してください」

「え？　え？」と、一瞬パニックになる人も少なくない。

つまり、人は「常にイメージしている」ものしか見えてないってこと。

最近、YouTubeの視聴者さんから、**「最近、つるんとした人、よく見かけるんです」**という報告を何度かいただいた。ん！　もしかしてつるんつるんブームか！

まあ、もちろんそうじゃないよね。視聴者さんがいつも「つるんとした人」を見て、意識しているから。**つまりオレのこと。**

そうやって、いつも見るもの、聞くもの、関心あるものを優先的にキャッチするようになり、それ以外の情報は勝手に削除されてしまう。

その機能をつかさどる組織をRAS（ReticularActivatingSystem：ラス＝網様《もうよう》体賦活系《たいふかっけい》）と呼ぶ。脳の視床下部の下にある脳幹の一部だ。**人が知覚に負担をかけないために獲得した、生きる機能のひとつなんだ。**

だから、視覚や聴覚など、自分にとって関心のある情報を優先的にキャッチする機能は、そのまんま自分の人生といえる。

あ、あっちにも
つるんとした人！
キャッ
こっちも、
つるんとした
人!!
キャッ
どんだけ
オレのこと
好きやねん！（照）
へへー
サン○ラザ
中野くんのファン
かもしれない
けどな！ もしくは
ライム○ター宇多丸
か!?

「すごいこと」は待つ必要なんてない！

もうお気づきと思うが、冒頭でお話しした「48時間以内にすごいことが起こる」は、ＲＡＳの機能を活用したワークなんだ。

とりあえず48時間くらいは「すごいこと」に関心を寄せてみてはってこと。

その間は、自分をピーハッツ（ハッピー）にしないことは一切考えない。

ずっと考えるなって難しいかもだけど、48時間くらいならなんとか。うち16時間寝ているとしたら、32時間。

そしたら、不思議も不思議、本当に「すごいこと」が起こりはじめる。

もしかしたら、いつも「すごいこと」は起こっているのだけど、それに気づかないでいただけかもしれない。

どっちにしても、いろんな人の報告にある通り、ピーハッツな「すごいこと」がやっぱり起こってしまうんだ！

そしたら、「あ、そうか」って気づくでしょ。
「すごいこと」は自分で起こせるんだ、待つ必要ないんだって。

ちなみに、最初にあげた「48時間以内にすごいことが起こる」って動画はアップして**1年で約80万回再生。**

オレ自身も、**チャンネル登録10万人を超える「スピリチュアル・ユーチューバー」**になっていた。

オワコンだった「Qさん」

いまでこそ、オレ自身にも「すごいこと」が巻き起こっているし、ユーチューバーとしても充実している。

でも、そんなオレもじつは2年ほど前、「どん底」にいた。

それまでは、割と順調だったんだ。2005年スピリチュアルな目覚めがあって勢いで会社を辞め、独立して4年後に初出版。その後2014年には『夢がかなうとき、「なに」が起こっているのか?』がベストセラーになった。

その後も本を出し、あちこち旅もし、家も買ったし、傍目《はため》には、割とよくやっているように見えたかもしれない。


2016年、「どんよくトークライブ」という1000人規模の講演をやった後くらいから、やたらめったらdisられるようになり、なぜか仲間が去っていった。

オレ自身が調子に乗っていた、というのもあるだろう。

実際、セミナーをやっても人は集まらないし、ブログのアクセスも半分以下に。

いまだから言うけど、**赤字が続いて、積み立てていた共済の退職金にも手をつけてしまったよ。**

心の中も、現実の状況もハチャメチャ。家族と身近な仲間だけは支えになってくれたけど、人生っていつもいつも順調ってわけじゃないんだ。独立以来のピンチを迎えることになった。

いまだからこそ、仲間からこう言われる。

「あのときのQさんはひどかった（笑）」

それもそのはず、セミナーでも、飲み会のときでも、去っていった元仲間の悪口だったり、disってくる連中の愚痴だったり……まあ、そんなことばかり聞かされても楽しくないよね。

ひたすらそんな感じだったらさ、そりゃ人は去っていくし、仕事も上手《うま》くいきませんよ。Qさんもついにオワコンか。

神様からのメッセージ「どんどん良くなる」

そんなある日、沖縄の離島の祭りに参加した。

なかなかレアな祭りで、たまたま島民に知り合いがいて誘ってもらった。

知る人ぞ知る小さな島。五穀豊穣《ほうじょう》を願って、まるで珍獣のような（ものをかぶった）「神様」が夜通し島の集落を練り歩く。何百年と続く伝統的な祭りで、それはもう幻想的で、眠さも忘れて感動しまくっていた。

そろそろ東の空が明るくなろうとするとき、祭りの最後のクライマックスがやってきた。島民たちの妖気漂う歌声に押されるように、「神様」は一歩一歩と後方に引き下がっていく。どこからともなく煙も漂っていた。

あの森の奥に消えてしまったら、たぶんオレはこの島の「神様」と一生会うことはない。寂しさと共に目頭が熱くなった瞬間、本当に消えてしまった。瞬《まばた》きする間に消えてしまったのだ。

その瞬間、神様がオレにこう叫んだ。

「どんどん良くなる」

聞こえたのは、もちろん耳からではない。

メッセージが頭の中にストンと降りてきたんだ。

それ以来、何かあると神様が横切って「どんどん良くなる」って言ってくるんだ。

青森県弘前市のある峠を自転車で越える瞬間、隣で神様が伴走して言ってくる。

15年以上ライフワークで続けている滝行のときも、しょっちゅう言ってくる。
飛行機に乗って離陸する瞬間、やっぱり言ってくる。
まるで、神様に守られているような感じ。

沖縄の離島にいたとき、オレは「どん底」だった。
でも、神様からそう言われたら何かあると思う。

そのとき、いろんな人から言われまくっていた言葉を思い出した。

「Qさん、YouTubeやらないの？」

オレ、じつは機械にはめちゃくちゃ疎い。編集も面倒そう。お金ないのにカメラとか買わないといけないのかな。そう思いながらも調べてみると、なんとスマホひとつでできるって話。とにかくいまあるものでやってみよう。

……**それから2年、オレはユーチューバーになっていた。**そしていまも変わらずスマホだけでやっている。

いますぐ本を閉じていいレベルの呪文を伝授しよう

ところで、神様、神様って連呼してるけど、特定の宗教で崇《あが》める神様って意味じゃない。オレはこの本で新しい考え方を伝えたい。

それは「神意識」って概念。

オレがいままで書いてきた『夢がかなうとき、「なに」が起こっているのか?』では「潜在意識」を、つぎの『運がいいとき、「なに」が起こっているのか?』では「超意識」をそれぞれ主たるテーマにして伝えてきた。

「潜在意識」「超意識」、それに「顕在意識」が加わって、オレは「意識の三層」と呼んでいたんだけど、じつはもうひとつあることがわかった。

それが「神意識」なんだ。

この概念の説明など、くわしい話はあとでゆっくりするとして、**この「神意識」に一瞬でつながるめちゃくちゃすごい呪文を伝授したい。**

ぶっちゃけ、この呪文を知るだけで、もう本を閉じていいレベル（だけど、最後まで読んでもらえたらうれしいよ）。その呪文とは……。

「神として」

沖縄の離島の祭りに参加した直後くらいだったか、仲間たちとワゴン車1台で九州を旅したときのこと。

かなり長距離を走るのだけど、いつの間にかたったひとりが運転していたことに気がついた。もちろん代わってもいいのだけど、本人は「別にいいですよ」とそのままずっと運転を引き受けた。

するとそのとき、仲間のひとりが、「疲れない方法を教えてあげましょうか」と言ってこんなことを教えてくれた。

「『神として運転します』と言えば、疲れないし、すべてスムーズに進みますよ」

それは新しいいい方法だと、運転していた仲間もすぐに「神として運転します」と宣言。結局、トータル３００キロばかりをひとりで運転してしまった。

そして驚いたのが、普通に乗っているだけの他の仲間の方がぐったり疲れていたのに対し、運転手本人はまだまだいけそうな面持ちだった。

この呪文はかなり効く。

たとえば、バングラデシュの空港で飛行機が遅延し出発のめどが立たないとき。「私は神として飛行機に乗ります」。すぐに搭乗のアナウンスが

鳴り響いた。

北朝鮮から帰国する際の平壌《ピョンヤン》空港で、当局の手違いで出国できなそうになったときも、「私はいまから神として帰国します」。搭乗ギリギリでなんとか出国審査を通れた。

いろんな場面で「神として」を使う実験をしてみた。ピンチのとき、スムーズに物事を運ばせたいとき、なんとなくやる気がないとき……など。

「神としてワインを飲みます」「神としてテストを受けます」「神として料理をします」「神として掃除をします」「神として動画を撮ります」「神として講演します」「神としてエ〇チします」「神としてジョギングします」

あなたも、あらゆることにおいて「神として」をつけてみるといい。

本当になんでかわからんのだけど、物事がスムーズに進むことを実感するだろう。

ちなみに「神として」を教えてくれた仲間に、なぜこんな呪文を知っているのか聞いてみたところ、**「知らなかった。そのとき、咄嗟《とっさ》に出てきた」**と言っていた。よくわからないけど、そうなんだろう。

どんどん良くなるんだから、どんどん欲に生きようぜ！

なぜこの呪文が効くのか、それはまさに冒頭の「48時間」の話に直結している。

そもそもオレたちは「神」なんだ。ただそのことを忘れているだけ。

ときどきは思い出すこともある。その瞬間、つるっと物事が動き出す。そのとき、脳は「神以外」を削除している。

だから、「神として」という呪文によって、「赤いもの」「つるんとした人」のように、**RAS機能が働き「神として」物事が上手くいく道を〝自動的に〟見つけてくれるんだ。**

「48時間以内にすごいことが起こる」と言えば、本当に起こってしまうように、「神として」と言うだけで、文字通り神モードになってピンチを切り抜け人生が加速する。

神は完璧。そして、どんどん良くなる、どうせ良くなるから、悪いことは起こりようがない。

たとえいま、あなたがかつてのオレのようにどん底であっても、それは人生がどんどん良くなるプロセスにおいて必要なこと。これから、じっくりお話ししていこう。

そして、オレがこの本で伝えたいことは3つある。

ひとつは**「神様はいる」**ってこと。

もうひとつは**「人生はどんどん良くなる」**ってこと。

そして最後のひとつが、一度しかない人生、せっかくだから**「どん欲に生きようぜ」**ってことだ。

第1章では**「どんどん良くなる」って宇宙的事実を、頭で理解し、心で実感してもらう。**

この宇宙はさ、世界はさ、人生はさ、どんどん良くなってる証拠があるんだ。

「え？　そんなことないよ、だって、いまも世界では貧困はあるし、紛争だって、災害だってある。新型コロナみたいな恐ろしいウイルスがやってきて、生活だってめちゃくちゃになった。自分だって年取るし、体力もなくなるし、生活も苦しくなるし、どう考えてもどんどん悪くなってるよ」

そう言いたくなる人もいるでしょう。**だけど、そこは論破させてもらうね。**


そもそも、この宇宙は「どんどん良くなる」わけで、宇宙はリクエストしたら、しただけ応えてくれる。まさに神様のごとく。

だけど、ここにきて、いま人類史上のパラダイム転換が起こっている。

それは、崇める対象としての「分離された神様」から、自分と神が「ひとつ」であることを思い出すフェーズに入っていることだ。

第2章では**「自分が神」である、新たな世界**について大胆に語ってみた。


さらに第3章では、「宇宙＝神」の本質である「どんどん良くなる」**略して「どん**

よく」の神髄にせまる。「神と同時に人」としても、この地球を思いっきり楽しむ、その術《すべ》についてお伝えしたい。

そのための神秘の言葉が「すごい」だ！　冒頭の「48時間」の話でも証明されたように、「すごい」って言葉は本当にすごい！　**「すごい」を使って思い通りの人生を創るノウハウ**をお伝えするのが、第4章のテーマだ。

ただ、「思った通り」と言われても、「思う」って難しい。

いま時点で月収30万円の人がさ、「私は月収100万円だ」と思おうとしても、「いや違う」とか「無理だ」とか、別の思いが邪魔しちゃうでしょ。

じつはその「邪魔」するものは亡霊みたいなもの。**オレたちには「どんよく（どんどん良くなる&どん欲）」を妨げる「7つの亡霊」ってのがいるんだ。**第5章では、その子ら（7つの亡霊）にちょっとご遠慮してもらう方法を教えるから、ほんとマジで「読むだけ」で心がすっきりして、人生がうおお～って感じに加速するから、どうぞお楽しみに！

てなわけで、人生は最高ってこと！

どんよくの法則［もくじ］

プロローグ 「どんよくの法則」で、どんどん良くなる！

第1章
「どんどん悪くなっている」を完全論破！世界もオレたちも、どんどん良くなっている！

第3章 人生がどんどん良くなる「どん欲」で神とつながる、神になる！

第4章 「すごい」のすごい力で人生のハイパー・インフレ体質になる！ 無謀な夢もヘラヘラしながらかなえよう

第5章 「思ったこと」が実現しないのは、もはや異常。願いを阻む「7つの亡霊」を退治せよ！

エピローグ
未来は明るい! どんどん良くなる!

装丁／本文デザイン：冨澤崇（EBranch）
本文DTP：朝日メディアインターナショナル
イラスト：ヤギワタル
編集協力：株式会社ぷれす
編集：金子尚美（サンマーク出版）

第1章

「どんどん悪くなっている」を完全論破!
世界もオレたちも、
どんどん良くなっている!

Chapter 1

DONYOKU

「どんどん良くなる」は宇宙的事実！
事実（ファクト）もお話ししながら、
頭で理解し、心で実感してもらうよ！

悪魔崇拝を否定し、謎の大バッシングを受けた日

不安なときほど、妙な陰謀論が流行する。２０２０年、新型コロナウイルス感染症(COVID-19)の大流行で、世界中がパニックになった。

そんなある日、オレのYouTubeのコメント欄にこのような質問があった。

「新型コロナウイルスのワクチンにはマイクロチップが入っていると聞いたのですが、Ｑさんの意見を聞かせてください」

よく聞いてみると、誰もが知る世界的なＩＴ企業創業者が、人類にワクチンを強制接種させるために、マッチポンプ的に新型コロナウイルスを作ったとのこと。そしてワクチンにはチップが入っていて、人類は奴隷のように支配されるんだと。

はっはっは！　ふざけんな！

「この世界には『悪魔崇拝』の秘密結社があって、私たちは奴隷のように蹂躙《じゅうりん》されているんですよ」

最近、こんな話もよく聞く。オレの身近には、「その手の話」にくわしいのが何人もいて、よくよく話を聞いてみた。フリーメーソン、ロスチャイルド、ロックフェラー、イルミナティ。都市伝説、陰謀論でお馴染《なじ》みのキーワードが続くのだけど、正直、その手の話は15年前からゲップが出るほど聞いている。

そもそも、**彼らの言うことが本当であるなら、オレたちはとっくの昔にこの地球にいないはずなんだ。**

それこそ、20世紀末には「ノストラダムスの大予言」なんてのが流行《はや》ったし、その後は「2012年のアセンション」なども流行った。**0・2秒で地球の裏側までアク**

セスできるこのご時世でも、人類はいつまでも終末思想が大好き。

冒頭のワクチンの質問に対して、オレはご丁寧に「そんなことないよ」っていう動画をYouTubeにアップした。

すると、その直後から謎の大バッシングが始まった。

そして、オレのチャンネルを登録していた人たちがつぎつぎと解除。「チャンネル登録解除祭り」で盛り上がった。

バッシングを受けるのも、登録解除されるのも、さすがに精神的にこたえるけど、それ以上にビックリしたことがある。

バッシングや解除の理由を聞いてみると、「そのＩＴ企業創業者がまさしく悪魔崇拝のドンであり、この世を支配している爬虫類《はちゅうるい》の化身。そんな人物の肩をもつようなＱさんに幻滅した！」……そんな内容だった。

申し訳ないけど、この人たちは、なんで「そんな話」を信じているのだろう？

なぜ、人はデマを信じてしまうのか？

もちろんオレはそのＩＴ企業創業者じゃないので、真実は知らない。だけど、普通に考えたら、そんな話を信じるには至らない。

彼は経営から退いた後、財団を設立し、医療、公衆衛生の普及を通じて、主に発展途上国の人たちの健康状態改善に貢献している。

これが事実なのに、いまや世界中の人がそんな陰謀論を信じているようだ。

じつは、このような「デマを信じること」はいまに始まったことじゃない。

関東大震災のとき、朝鮮人が井戸に毒を入れたと噂《うわさ》され、朝鮮人は迫害を受けた。

「佐賀銀行が倒産する」と、ひとりの女性が面白半分に言ったことをきっかけに、預金者が殺到。５００億円が引き出されたそうだ。「預金保険機構」の存在を知らないのか。

このようなデマには「預金の引き出し」みたいな、自分でできるアクションもあるにはある。だけど、「世界は悪魔崇拝の組織に牛耳られている」なんてこと、**仮に仮に仮に事実であったとして、個人でどう対応すればいいんだ？**

ちなみに、昔はこんなことも言われていた。

電車が普及するとき、「その音が脳を壊す」。

ラジオが始まったとき、「電波によって精神に変調をきたす」。

携帯電話が広がったときは「電磁波が不妊の原因となって、人口が減少する」。

あれから数十年から100年たつけど、もちろんそのような事実はない。

それでもなお、人々は「どうしようもない妄言」を信じ、その妄言を批判する人間に鉄槌《てっつい》を加えようとする。ソースはオレ（笑）。

なぜ、そうなるのか。オレはここにひとつの仮説を立てた。

人々はどこか「超越」した存在にあこがれており、その一方が「天使」、そしてもう一方が「悪魔」となる。

よく、耳元で天使と悪魔がささやくなんていわれるけど、まさにそう。

道端に一万円札が落ちていた。「交番に届けろ」と天使がささやく。「もらっちゃえ」と悪魔がささやく。本音では一万円札がほしい。このとき自分で決めるのではなく、悪魔のせいにしちゃえば楽なんだ。

これと同じだ。もしいま、生活がどうにもならない状態だとしよう。

特に新型コロナウイルスの影響で仕事を失ったり、人間関係が悪くなったり、自粛で太ってしまったり、**そんな状況を「悪魔」のせいにしちゃえば、どっか楽なんじゃないか。悪魔崇拝者のせいにしちゃいたいのだろう。**

だから、そんな「悪魔の存在」を否定したユーチューバーQさんのことが憎くてたまらない（笑）。

天使を求めるがゆえに、悪魔を信じてしまう人々

天使と悪魔がいたとして、あなたならどっちを選びたいだろうか？

まあ、普通なら「天使」って答えるところだろうけど、**じつは天使の存在も「悪魔」がいてこそ。**

アンパンマンは、ばいきんまんのおかげでアイデンティティを保っていられる。ショッカーがいなければ、仮面ライダーは失業する（若い人たちにはわかるかな）。

オレたちは「救済」を求めて、天使に依存するかもしれないけど、悪魔を退治することが救済につながるかもという意味で、ベクトルは違えども、じつは天使も悪魔もニコイチ。**だからこそ、天使を求めれば求めるほど、悪魔の存在が重要になる。**


パウロ・コエーリョの『アルケミスト』の中にこんなセリフがある。

「メッカを思うことが、わしを生きながらえさせてくれるからさ」

宝物を探しに出かけた羊飼いの少年に、クリスタル商人が言った一言。商人はメッカに行くことが一生の夢。だけど、「行きたい」と夢を見ることが自分を支えているのかもしれない。もしメッカに行ってしまったら、それ以上「夢を見る」ことができなくなる。**だったら、行かずに夢を見ているだけの方がいいんじゃないか。**

好きな女の子に告白してふられるよりも、好きでいるだけの方が幸せ。夢に向かって突き進むよりも、「いつか見てろ」と足踏みしているだけの方が幸せ。

そう、実際に悪魔退治に出かけるよりも、いつか悪魔を退治したら救われる「かもしれない」と夢を見ている方がずっと楽なんだ。

だからいつまでも「お前の人生はどんどん悪くなる」って悪魔のささやきを後生大事に守る。**そして実際に悪くなっている事柄を探しはじめる。**

大多数がなんとなく「世の中は悪くなっている」と思っている

新型コロナウイルスに限らずとも、なんとなく昔の方が良かったと思うし、そもそも年を取ると苦労も増えて、身体《からだ》も弱くなる。

先日、実家に帰ったときに、両親にも聞いてみた。

「世の中は良くなっていると思う？　悪くなっていると思う？」

すると、**特に明確な根拠もないのだけど、なんとなく「悪くなっていると思う」と答えたのだ。**

じつは、そのように答える人はけっして少数派ではない。

２０１９年に日本語版が刊行された『FACTFULNESS（ファクトフルネス）』によると、各国の人々に対しこのような質問をしたところ、やはり**大半が「悪くなっていると思う」と答えていた。**


だけど、本当にそうだろうか？

普通に考えてみると、まず、いまの方が格段に便利だ。

たとえば、海外旅行のチケットを取ること。オレは昔からよく海外に行っていたけど、20年くらい前……オレが学生時代のときは、チケットを取るのも大変だった。

10時から17時くらいまでの間、新聞広告に出ている旅行代理店に片っ端から電話をする。学生なんでお金がない。旅行代理店５、６社に値段を尋ね、１００円でも安いチケットを求める。少なくとも30分から1時間はかかる。代理店だって、値段を伝えるだけの仕事に多くの時間を費やさないといけない。

いまは、スマホのアプリで寝ころびながら最安のチケットを調べ、その場で購入できる。時間にして3分だ。すごく便利。

ここで、こんなふうに思う人もいるだろう。

「たしかに便利は便利だけど、もっと大切なものを失っているかもしれない」

「便利さと引き換えに、精神的にはけっして豊かとは思えない」

「やっぱり、どんどん悪くなる」……そうやって悪魔はささやく。

でもほんと、冷静に考えてみてほしい。

本当にいまより昔の方が良かった?

「どんどん悪くなる」の根拠を考えてみる

それでも「どんどん悪くなる」の根拠とされそうな内容を、ざっと3ジャンルくらいで考えてみた。

①若者・子ども

- **最近の若いものはマナーがなってない**
- **昔より仕事量が少ない、気合が足りない**
- **インターネットのせいで、自分で考える力が失われている**

②世の中・環境

- **環境破壊が進んで、暮らしにくくなっている**
- **少子化が進んで、若者世代の負担が大きくなっている**
- **世界人口が増えて、貧しい人が増えている**

③精神・モラル

◉生活は便利になったけど、精神が荒廃してきた
◉最近は近所の子どもを叱る大人がいなくなった
◉「性のモラル」がなくなり、世の中が乱れ切っている

これから、オレが項目ごとに「ツッコミ」を入れてみる。

皆《みんな》も一緒に考えてほしい。

さあ、「どんどん悪くなる」にツッコミを入れていくよ！

～①若者・子ども編

◉最近の若いものはマナーがなってない

じつは、それこそ古代エジプトの時代から「最近の若いものは……」と言っていた記録があるようだ。

ただ実際は、最近の若い人たちはじつにマナーが良い。**身近な若い人たちを見ても、だいたい礼儀正しいし、道徳的であると感じる。**

道端につばをはくような光景を目にすることはなくなった。電車で大声を出してしゃべっているのはたいていが年配の方々だ。

たしかにいまでも不良やヤンキーの類はいるけど、そんなの昔からいたし、昔の方が多かったと思う。駅前でリーゼントの衆などいまは絶滅品種だ。

◉昔より仕事量が少ない、気合が足りない

オレ自身、「僕が君くらいのときは、10倍は仕事をしていたよ」と、サラリーマン時代、上司からよく言われた。自分たちの方が有能だと言いたいのだろう。

これは、年々仕事ができない人が増えているのではなく、昔は「需要」がたくさんあった。車、家電、住宅に始まり、水道や道路など**インフラ整備が足りなかったので、その分の仕事がたくさんあった。**

また、仕事自体が「非効率」だった。数値の計算にしても、**いまならエクセルに打ち込めば1秒でできることを、昔はそろばんや電卓で1時間も時間をかけていた。**

ちなみに、いまでもエクセルで出した数値が正しいか、電卓で再度確かめさせるような上司がいるって話も聞いたことがある。

学生につきものなのは、進学するとたいていひとつ上の先輩からかけられる言葉に、「今年の1年、気合が入ってない」っていうのがある。

まあ、これも「会社の上司」と同じく、自分たちの方が優れていると言いたいだけのことで、自分たちも言われてきたわけだ。

ただ、「気合が入ってない」からと言って、後輩に対し暴力をふるうような事件は、オレが学生時代と比べて確実に減っている。教師から生徒に対する理不尽な体罰もほとんどなくなっている。

◉インターネットのせいで、自分で考える力が失われている

オレが学生の頃は、たとえば「社会保障」をテーマにレポートを作成する際、図書

館から専門書を借りてきて、一生懸命にまとめたもの。

でも、いまはインターネットがどんな質問にも答えてくれる。だから、自分で考える力、整理する力が失われ、その意味において若い世代ほど能力が劣化するように思われた。

だけど、これは時代の流れ。**プラトンの『パイドロス』の中で、ソクラテスが「文字に頼るとバカになる」というようなことを言った記述がある。**

ソクラテスは、言葉は頭の中にのみあるのが理想で、それを文字に残すと記憶力が落ちると言いたかったのだ。いまはそんなバカげた話をする人はいないけど、**かのソクラテスでさえ、新しい発明には消極的だったわけだ。**

ちなみに、インターネットからコピペしたレポートを提出するようなことを、いまの大学は許していない。どれも似たり寄ったりになるから。

そこからさらに踏み込んだ独自のレポートにしないと合格点がもらえないのなら、いまの若い世代の方が能力は研ぎ澄まされるといえるよね。

さあ、「どんどん悪くなる」にツッコミを入れていくよ！
～②世の中・環境編

◉環境破壊が進んで、暮らしにくくなっている

たしかに、良く言えば「牧歌的な」、悪く言えば「何もない」社会と比べると、水とか空気とかは汚れてきたかもしれない。だけど、それは暮らしの便利さを追求するプロセスで、どうしても避けて通れないこと。

とは言っても、この本を手に取っている人が40代以上だったら、よく思い出してほしい。子どもの頃、**「（光化学）スモッグ」という有害物質が大気を飛んでいて、目や喉を刺激し、人によってはぶっ倒れることもあった。**特に真夏の暑い日はスモッグがひどいので、外で遊ぶのを控えるように言われていたものだ。

だけどいま、スモッグなんて言葉はほとんど死語になっている。

ただ、PM2・5みたいな有害物質が大陸からやってくることはあるけど、大陸は

いま、昔の日本のように生活の利便性を追求している最中。そのような副作用については一定の理解が必要だ。

また、これも若い人たちはほとんど知らないと思うけど、駅など野外の公共施設には公衆衛生の義務から、「痰壺《たんつぼ》」が設置されていた。いま考えるとぞっとする。列車や飛行機でもタバコが吸えた。**当時に比べると、いまはなんて衛生的だろう。**

◉少子化が進んで、若者世代の負担が大きくなっている

日本をはじめ先進国はたしかに少子化が進んでいる。いまの年金世代はほぼ満額もらっているけど、今後少子化が進むにつれ、いまの現役世代（つまりオレたち）は、支払った保険料に相当するだけの年金をもらえるかというと、その可能性は低いだろう。

だけど、これまで人類は「どうにかしてきた」んだ。

最近よく聞く、国民に一律定額の生活費を国や自治体から支給するという制度「ベーシックインカム」が実現すれば、年金という概念さえなくなってしまう。これ

は、実際スイスで国民投票になるくらい（今回は否決）現実的な構想だ。

たとえば月に8万円程度が個人、または世帯調整をへて支給された場合、住む場所にもよるけど、最低限の生活はできる。もう少し贅沢《ぜいたく》したければ、働けばいい。

この制度の優れたところは「来月も支給される」という安心感だ。そして年金や生活保護もすべてベーシックインカムに一本化されると、じつにシンプルな制度運用となるわけだ。

◉世界人口が増えて、貧しい人が増えている

たしかに人口は増えている。だけど、「貧しい人が増えている」は実感としてそうじゃない。

オレが20歳のとき、初めてインドはコルカタに行ったのだけど、住む家のない物乞いにあふれ、肢体が不自由な人も多かった。街は異臭が漂い、ネズミが徘徊《はいかい》し、見るからに衛生状態も悪い。実際、一緒に旅していた仲間は赤痢にかかってしまった。

その25年後、再びコルカタを訪れたら、物乞いの姿はほとんどなく、かつてのコルカタらしい混とんとした街並みは姿を消し、いわゆる普通の大都市になっていた。**物**

売りに囲まれることもなく、あのとき感じた絶望的な貧しさは過去のものになっていた。

事実、後ほどくわしく取り上げるけど、『FACTFULNESS』によると、「１９９７年頃、インドと中国の両方で、人口の42％が極度の貧困に陥っていた。だが２０１７年までに、極度の貧困はインドで12％までに低下」とあるように、**データを見ても絶対的に貧しい人の数は明らかに減っていたのだ。**

さあ、「どんどん悪くなる」にツッコミを入れていくよ！
〜③精神・モラル編

◉生活は便利になったけど、精神が荒廃してきた

年配の人がよく言うセリフ。生活が便利になったのは事実。でも、「精神」が荒廃

してきたってのは、どうやって確かめるのだろう。

それも「自分たちの方が優れているバイアス」でしかなくて、**実際のデータやモノ的な目に見える指標でなく、「精神」のようなふわっとした基準でしか訴えることができない証《あかし》なのだ。**

◉最近は近所の子どもを叱る大人がいなくなった

こう言われると、たしかにそう思う。

でも、それはむしろいいことなのでは？ むやみやたらと子どもを叱る、因縁をつける大人がいて、それを良きこととする風習は子どもたちにとってたまったもんじゃない。

たしかに、「悪いことは悪い」と、他人に対してもきちんと言うことが必要なケースもあるけど、**それは別に「近所」でなくていい。**大人がしっかりしていれば、子どもは見習うのだから、問題はやっぱり大人の側にあると思う。

◉「性のモラル」がなくなり、世の中が乱れ切っている

これもよく聞くけど、日本に限っていうなら、昔は「家と家の結婚」が主流だったので、当人同士が気に食わなくても結婚させられていた。

だから、モテない男でも長男ってだけで普通に結婚することができ、女性はそれまで純潔でいることが好まれただけ。そんな文化から見たら、そりゃ「性」は自由になって、それを「モラルがない」と言うのなら、そうかもね。

だけど、意に反する相手との結婚を強制されるなんて、どう考えても最悪でしょ。個人の価値観かもしれないけど、**結婚前に誰と付き合おうが自由。そもそも、結婚するもしないも自由に決めればいい。**

その一方で、江戸時代なんかは性に対してもっと大らかだったと聞くし、オレの親世代では「3S（スポーツ、スクリーン、セックス）」が若者文化の象徴だったようで、**乱れているのはむしろ昔だろう。**

いまの若い人たちの話を聞くと、セックスよりももっと楽しいことがあると真顔で言うもんだから、良い悪いは別としてたんぱくになったもんだと感じた次第だ（笑）。

事実（ファクト）を見るとどんどん良くなっている

これまで、オレの実体験も例に出しながら、「どんどん悪くなっている」にツッコミを入れてきた。なんとなく「悪くなっている」と思っていたのが、一つひとつ確認していくと「そうではなかった」と気づいたかもしれない。

じつは、**事実（ファクト）としても、さまざまな面で良くなっている。**

さらに先ほど紹介した『FACTFULNESS』を見てみると、つぎの通りだ（32分野から8分野を抜粋）。

・「合法的な奴隷制度」は、1800年で193か国にあるが、2017年では3か国に

・「乳幼児の死亡率（5歳までに亡くなる子どもの割合）」は、1800年では44%であるが、2016年は4%に

・「災害による死者数」は、１９３０年代では年間97万１０００人に対し、２０１０年代は７万２０００人に
・「飢餓」の割合は、１９７０年は28％であるのに対し、２０１５年は11％に
・「識字率」は１８００年で10％に対し、２０１６年は86％に
・「小児がん」の生存率は、１９７５年の58％に対し、２０１０年は80％に
・「安全な飲料水」は、１９８０年の58％に対し、２０１５年は88％に
・「予防接種」の割合は、１９８０年の22％に対し、２０１６年は88％に

……など、あらゆる分野において「良くなっている」ことがわかる。

また、同じような話題として、「最近は少年犯罪が増えている」なんて言葉を聞くことがある。具体的にはあえて書かないけど、数年に1回くらいの割合で「考えられないくらい残酷な少年犯罪」のニュースが世の中を騒がせている。

これも、たとえば管賀江留郎氏の『戦前の少年犯罪』によると、**警視庁のデータ、新聞記事、裁判所の記録など一次資料を丹念に調べた結果、昭和初期にはいまでは考え**

られないくらい残忍な事件が多かったのだと。「昔は良かった」なんて牧歌的な幻想はこの1冊で完全に覆されてしまうわけだ。

まあ、そんなデータを見る以前に、**普通に考えてみると、戦国時代よりもいまの方が絶対に安全だし、100年前でさえも、国家の成長戦略に「戦争」なんて文言があったわけで、割と最近までいまでは考えられないことが当たり前。**

オレはいまのところ人生の3分の1を「昭和」に生きたのだけど、いま思うと、いろいろあり得ないことがあった。

第一にタバコのマナー。「禁煙」なんて概念はほとんどなく、先生が学校で喫煙、歩きタバコ、集会場にはアルミの灰皿がひとり1個、電車や飛行機、公共施設でも普通に吸えた。平成生まれには信じられない世界だろう。

他にも思いつく限りで、先生のビンタは割と普通、印刷物は藁《わら》半紙、テレビのゴールデンタイムにお色気シーン（「お色気」って言葉も通じないかも）、女子の体操服は下着のようなブルマ、水道にはみかん袋の石けん（コロナ禍のいまではぞっとする）、不在時の郵便物を隣人が預かる、駅の伝言板……など、同年代では笑い話として花が咲くだろうけど、いまならシャレにならないものも多い。

時代は常に流れていくもの。昔は普通だった「歩きタバコ」がいまならあり得ないように、割と近い将来、「歩きスマホ」もあり得ない時代はやってくるだろうね。

ようは、**どう考えてもいまの方が昔よりマシだし、生活は便利になり、どんどん良くなっていることは間違いない。**

もっとも、喫煙者にとっては昔の方が良かったみたいに、個別のケースについては例外もあろうけど、全体としては確実に良くなっているものだ！

「悪いニュース」が気になるのは「人間の防衛本能」のせい

こんなふうに、一つひとつファクトをチェックしていくと、なるほど、良くなっていることは納得できる。それでもなお、「悪くなっている」と思いたくなる理由はなんなのか。

その根本には先ほどから言っている「悪魔信仰」があるのかもしれないけど、それ以前に**人はそもそも「悪いニュース」が大好き。**

たとえば、つぎのどちらのニュースが気になるだろうか?

・東京の桜は満開です
・東京に大型台風が接近しています

普通に考えて「台風」だと思う。

理由は単純。桜が満開でも生活には無関係だけど、台風はモロに影響することがあるから。東京に住んでいなくても、やはり台風のニュースを見てしまうものだ。

つまり、**「悪いニュース」を優先的に見てしまうのは、自らの「安心・安全」を守りたいからで、それは人間が生きる上での防衛本能だからなのだ。**

どんなに「世の中は良くなっている」と言われても、これから先、悪いことが起こるかもしれない。**この「かもしれない」は、これからもずっとオレたちを安心させることはない。**

一般に「オバケが怖い」のはなぜか。

これまでの人生で、オバケに危害を加えられた経験がある人は、ほとんどいないだろう。

それでも怖いのは、**オバケが危害を「加える」からではなく、「加えるかもしれない」から怖いのだ！**

これまでの人生で何度も台風を経験してきて、たいした被害にあわなくても、これから来る台風で被害にあうかもしれない。

毎年、何万人も死者を出している肺炎や季節性インフルエンザよりも、少なくとも日本では、それよりもずっと被害の少ない**「新型コロナウイルス感染症」の方が脅威に感じるのは、それが未知であり得体が知れないから。**

だから、「悪いニュース」を優先的に見てしまうのは、あなたが特別に「ネガティブ」だからではなく、人間として普通のこと。「世の中はどんどん悪くなる」と思っていても、それはけっして責められることじゃない。

こんなに世の中が快適で安全で過ごしやすくなっていても、たいていの人が「どんどん悪くなる」と思ってしまうのは、仕方ないことだし、どんなに「良くなっている」ってファクトを示しても、この割合が変わることはないだろう。

「未知のウイルス」と同様に「未知の願い」も潜在意識は拒絶する！

人は「安心」したいから、悪いニュースに注目してしまうし、必要以上に恐れたりする。

その働きの源にある力を、オレは「潜在意識」と呼んできた。

一般に自己啓発書なんかでは、「潜在意識」というものは、何やらすごい無限の力を感じさせる。願い事があれば、その情報を潜在意識にインプットすることでかなってしまう。

たとえば、願い事を何度も唱える（アファメーション）、写真や絵で刷り込む（ビジョンボード）、イメージング、睡眠学習、鏡に向かって暗示をかける、紙に書きまくる、なりきる……などいろんな人がいろんなメソッドを紹介している。

それらはもちろん間違いではないのだけど、必ずしも上手《うま》くいくとは限らない。

なぜなら「願い」とは「未知」だから。

新型のウイルスが未知であるがゆえに必要以上に、恐れてしまうのと同様だ。

自分にとって好ましいはずの「願い」もまた、未知の世界ゆえに潜在意識は拒絶してしまうんだ。

「起業して成功したい」という願いがあったとして、もしもまだ起業したことがないのであれば、その人にとってそれは未知の世界。

起業すると多くの場合、最初は収入がなくなるかもしれない。借金がふくらみ夜逃げしなければならなくなるかもしれない。

それだったら「現状」のように、会社で普通に働いて安定した給料をもらっている方が「安心」だ。**つまり「現状」は「安心」であり、潜在意識が守るものもこれ。**

潜在意識はけっして勝負を挑まない。

現状、安心を守ることに専念する。仮にいま、病的に太っていてダイエットが急務であったとしても、潜在意識はやせて変化した自分ではなく、ひたすら現状を維持しようとする。

だから、わかっているのにダイエットに失敗してしまうんだ。

現在、収入が低くて貯金どころか日々の生活もままならない。給料の高い会社に転職するか、起業して勝負に出たいと思うが、思い通りに上手くいかないとすれば、それは潜在意識がブレーキをかけているから。

でも、いったん「あるきっかけ」でダイエットに成功し、その状態を3か月から3年ばかり維持すれば、潜在意識はその状態を守ろうとする。

そして、よほどのことがない限り、再び太ったり、やせたりすることなく、理想の状態をキープできる。

同様に「あるきっかけ」で好条件の転職に成功、または起業して軌道に乗ったとしよう。すると今度はその状態をキープしはじめ、元の貧乏に戻ることもない。

かく言うオレにしても、一文無しで起業したのが15年前、あれからなんやかんやと、そこそこ恵まれた自由な生活をキープしている。

だから、世の中が変化してオワコンになりかけても潜在意識が助けてくれるんだ。

大切なのは潜在意識を変化させる「あるきっかけ」。

これに関して第2章でくわしくお話ししたい。

DON
YOKU!

第2章

「救世主としての神様」はもう終わり。これからは、神意識につながり、自分が神になれ！

Chapter 2

DONYOKOU

人と切り離された
「超越した神様」を
崇《あが》める時代はもう終わり
神意識に
つながって、
どんどん良くなる!

最終奥義・神意識とは？

潜在意識の役割は、ひたすら現状、安心を守ること。
安心・安全を守るだけで、それ自体は意思をもたない。
だから、人生を変えるには、潜在意識を変化させる「あるきっかけ」が必要だ……と前の章でお話ししたね。

この「きっかけ」は、よっぽどの「きっかけ」でなければ、人生を変えることはできない……と思うだろう。

その「きっかけ」を作る・つかむ方法として、『夢がかなうとき、「なに」が起こっているのか？』では、主に潜在意識を活用した夢のかなえ方について説明し、続編の『運がいいとき、「なに」が起こっているのか？』では、潜在意識からさらに一歩進めて、超意識をテーマに直感やインスピレーションを活用した、願望実現について解説した。

でも……じつは何もしなくても、人生は良い方に向かおうとしている。

それがまさに「どんどん良くなる」という事実（ファクト）であり、それを進めている「大いなる存在」の意図なんだ！

そして本章では、潜在意識、超意識に続き、「大いなる存在」つまり「神意識」についてお伝えしたい。

潜在意識、超意識、その前の顕在意識についてはすでに多くの人に用いられている。

だけど、さらにその先の意識となると、**もう「神」としかいいようがなく、「神意識」という言葉を作った。**

潜在意識のブレーキを破る2つの方法

まず、改めて顕在意識、潜在意識、超意識の3つの「意識」について説明しよう。

「顕在意識」は思考や言葉によって表せる。つまりオレたちが普段、考えている頭の中身のこと。

だから、「願い」は顕在意識によるもの。

たとえば、「起業して成功したい」なんて願いは顕在意識から発するものだけど、「潜在意識」はそれを阻止しようとする。

なぜなら潜在意識は「安心・安全」を守るために、変化することに思いっきりブレーキをかけてくるから。

潜在意識は、顕在意識の2万倍もの力があるといわれるため、この「安心・安全」

のブレーキを突破するのは並の欲求じゃかなわない。

そんなとき、ブレーキを破る方法は主に2つ。

ひとつ目は「繰り返すこと」、2つ目は「インパクト」。

潜在意識が2万倍の力をもつなら、単純な話、「起業して成功する」と2万回言えばいい。ただし、言っている間に「難しい」とか「無理だ」みたいな気持ちが一瞬でも入ると振り出しに戻る。一筋縄ではいかないよね。

もうひとつはインパクトだけど、「起業して成功したい」という顕在意識の力を2万倍まで高めるには、「起業して成功しないと命を奪われる」みたいな、**強烈なコミット、強制力が必要だ。**

ただ、そんなケースを意図的に作ることは難しいから、やっぱり起業して苦労するよりも、いまのままの方がいいって選択になりやすい。

ムチャブリして大きなステージに引き上げる超意識

そこで第三の道へと進む方法があり、それが「超意識」からサインを受け取ることだ。**超意識は潜在意識のさらに奥に潜み、「安心・安全」のブレーキをかいくぐった瞬間に現れる。**つまり、潜在意識の力が弱まっているときで、もっぱらつぎのような瞬間にやってくる。

・瞑想《めいそう》　・リラックス
・祈り　・非日常の体験
・前触れもなく突然

このようなとき、突然、ビビビと降りてくるような体験がある。

オレは本を書くとき、たいてい「瞑想」をしてから書きはじめるようにしている。思いもよらぬアイデアが出てくるからだ。

お風呂に入って「リラックス」しているとき、突然、ビジネスのアイデアが降りてくることもある。

ピンチの際に神頼みとばかりに懸命に「祈り」を捧《ささ》げていると、ちょっとタイムラグはあるけど、忘れた頃にチャンスに結びつく出会いがあったりする。

プロローグで話した、あの夏の離島での祭りのクライマックスに、神様が森に消えた後、ふっと「どんどん良くなる」「YouTubeだ！」と降りてきたのは、そこが「非日常の体験」だから。

知人から突然、「R‐1ぐらんぷり（お笑いの大会）に出たらよろしいやん」と言われて、本当に出てしまうというようなものは「前触れもなく突然」だ。

これらはすべてオレの実体験。

それらがやってくる状態では、潜在意識がブレーキをかける力は弱まっており（眠っており）、願いをかなえるための最高の答えをサインとして送ってくる。

このとき、超意識の真の意図は「成長しろ」というものであり、現状を打破して、さらに大きなステージへと導いてくれる。

時に、それがムチャブリと思われるようなこともある。

宇宙にあまねく広がっている神意識

顕在意識、潜在意識、超意識……これらを超越するものがまだあるんだ。

世の中は、宇宙は広い。

実際、人間が認識できる範囲は宇宙全体の４・９％に過ぎない。

その４・９％にあたるのが「物質（元素）」であり、それらは目に見えるし、観察可能な対象。それに対して、26・８％が「ダークマター」と呼ばれる、質量はあるけど物質ではない領域。残りの68・３％が「ダークエネルギー」と呼ばれる、よくわからないエネルギー領域になっている。

オレたちは、通常は４・９％の物質によって生きているのだけど、それは宇宙のほんの一部で、**「なんとなくあるのはわかる」って程度の解明されていない95・１％にこ**

その宇宙の本質があるかもしれない。

とりわけダークエネルギーは、「宇宙の拡張を加速していると考えられる仮説上のエネルギー」といわれる。宇宙の拡張とは、言い換えると「進化」している根拠にもなっている。

もしかしたら、**この目に見えない領域（ダークマター、ダークエネルギー）こそが、宇宙を成立させている源であり、それをオレたちは本質的な意味での「神様」と呼んできたのかもしれない。**

通常は「神様」というと、キリスト教のゴッド、イスラム教のアッラー、ユダヤ教のヤハウェなど「一神教」の概念と、神道、ヒンズー教など「多神教」の概念が思い浮かぶ。

ただ、一神教か多神教かなどは、それぞれの風土や文化に応じて自然に根付いたものであり、本質は同じ。

一神教が生まれた中東地域は荒涼とした砂漠が広がり、**生きるのに厳しい環境で**

あったからこそ、超越的な唯一絶対の神様が必要だったのだろう。「砂漠の宗教」と呼ばれたりもする。

それに対して、「森の宗教」と呼ばれるように、多神教が生まれた地域は温かく湿潤で、食べ物も豊富な生きる上で恵まれた環境にある。**だからこそ、水、火、木、大地など、手の届く範囲にたくさんの神様がいると考えやすいんだ。**

つまり、住む環境で神様のあり方が若干は違うけども、いずれにせよ生活の中に「神様」がいるのは同じこと。

この宇宙の「目に見えない領域」に、あまねく存在し、オレたちを助け、成長させている。

神意識の意図は、どんどん良くなる！

そんな神様の意識は非常にシンプル。

ダークエネルギーが「宇宙の拡張を加速している」ように、**この宇宙全体が「どんどん良くなる」ってこと。**

人類500万年の歴史が、事実（ファクト）として示すように、これからも良くなっていく。**それが宇宙の意思、「神意識」と呼ぶものなんだ。**

まとめると、まず、オレたちはなんらかの「願い」をもつ。

これが「顕在意識」の役割。

だけど、「潜在意識」は安心・安全を守ろうとするため、まずはストップをかける。

ところがある瞬間、潜在意識が眠ることがあり（トランス状態ともいう）、そのとき「超意識」が顔を出す。超意識はオレたちを成長させるために、時にはムチャな厳しい要求を突きつけることもある。

だけども、最終的には「どんどん良くなる」んだから、やっちゃえばいい。

それが「神意識」だ。

ようは神意識につながることで、万事が上手《うま》くいくって寸法だ！

人類史上最大の事件！「神のパラダイム転換」が始まっている！

神意識につながる方法をお伝えする前に、いま神様と人間の間にものすごいことが起こっていることをお伝えしたい。

これは、神意識につながる上でとても大事なことなんだ。

じつは人類５００万年の歴史上最大の事件が、起ころうとしている。

それは、「神のパラダイム転換」。**これまで絶対的、超越的だった「救世主としての神様（天使や悪魔）」が消えてしまうことなんだ。**

人類５００万年の歴史において、非常に多くの「種」が存在していた。犬種にチワワやセントバーナードがいるように、オレたち人間もたくさんの種がいたのだけど、いま生き残っているのは「ホモ・サピエンス」だけになってしまった。

割と最近までいたのが、2万~4万年前に絶滅したとされるネアンデルタール人。

ユヴァル・ノア・ハラリの『サピエンス全史』によると、**人類の中でホモ・サピエンスだけが生き残った最大の理由は、「虚構」を生み出す力にあった。**

ネアンデルタール人にとってオオカミとは、まさに目に見える「そのオオカミ」だった。**一方、ホモ・サピエンスはオオカミを「村のシンボル」のような、見えない、実際には存在しないものとして認識できる点が違っていた。**

その結果、たとえばネアンデルタール人とホモ・サピエンスがケンカした場合、殴り合いのような直接的な攻撃では、その体格の良さなどからネアンデルタール人が圧倒していただろう。でも、ホモ・サピエンスは「戦略」や「作戦」のような間接的な攻撃を展開することができ、いわば賢く戦うことができた。

最終的に、ネアンデルタール人はホモ・サピエンスに滅ぼされたのだけど、その原動力となったのが、まさに「見えない世界(虚構)」を認識し、操る力。

その延長に、ホモ・サピエンスは「(救世主としての)神様」を創造することができき

たんだ。

神様を崇めてきた時代

ホモ・サピエンスによって創造された「神様」は「虚構」だったのだけど、オレたちは「神様」に強いリアリティを感じることができ、この宇宙（世界）の中心に置くようにまでなった。

食べ物がなく、どうしようもなくなったとき、神頼みする。

敵と戦争をするとき、神様に勝利を託す。

さらには、試験を受ける前も神様に合格を祈願する。

お金がなくなったとき、ギャンブルをする前や宝くじを買う前に神様にお願いすることもある。

そうやってオレたち人間は、何かと神様に頼ってきた。

そもそも虚構の神様がいつまでも存在しつづけてきたのは、**じつはそれなりに「役立ってきた」からなんだ。**時には「奇跡」としか思えないような体験をすると、ますます神様を信じるようになる。

そして、カトリックではローマ教皇、イスラム教ではカリフ、バラモン・ヒンズー教ではバラモン、そして日本においては天皇など、それぞれの世界の最高指導者に「神の遣い」が置かれ、人々は崇めてきた。

そのとき、**神様は人々との間に超越的な、そしてけっして縮まることのない距離が置かれ、いかなる権力者であっても、絶対服従を強いられた。**

つまり、これまでの時代は、神様は人と切り離され、常に上位に位置していた。

そうやってオレたち人間は、何かと神様に頼ってきた。

しかしいま、その神様、天使、悪魔が消えようとしている。

なぜなら、**「神様の力」を借りなくても、どんどんと思ったことが実現しやすくなっているからだ。**

スマホひとつで空海を超える時代

その大きな潮流がＩＴとＡＩ（人工知能）。

インターネットはやっぱり革命だった。いったんアクセスすると、世界中のすべての情報を得たも同然になる。

もちろんその検索、選別の方法については個々のスキルが重要になるのだけど、北朝鮮のような意図的に情報を遮断された世界でもなければ、誰もが平等に同じ情報をつかめる。

宇宙の全情報のことをスピリチュアルな世界では「アカシック・レコード」と呼ぶ。インターネットはまさにアカシック・レコード。

弘法大師・空海は、「虚空蔵求聞持法《ぐもんじほう》」という厳しい修行を通じて、「虚空蔵」といういわゆるアカシック・レコードにつながり、神的な記憶力、技術力を得たといわれる。

でも、いまはなんの修行もせず、小学生でもスマートフォン（以下スマホ）ひとつで空海を超えられる。まさに「神様」だ。

さらに自分の命運を決めるのに、かつては神様、またはその遣いに託していたのが、いまはＡＩがやってくれる。

たとえばここに1万円がある。自分にとって一番お得な使い道はなんだろう。

選択肢がたくさんありすぎると、自分では決めにくくなる。

できれば誰かに決めてほしいと思うなら、「神様の声」とやらを授けられるスピリチュアル・カウンセラーでも活用すれば安心かもしれない。

でもいまは、自分の属性をすべて把握したGoogleやAmazonが、インターネットにつながった瞬間からうるさいほど提案してくれる。

ＡＩは、神様や親・先生に取って代わった最良のアドバイザーとなる。もしかしたら将来、自分の性格や能力を熟知したＡＩが、自分にとって最適な仕事や結婚相手を見つけてくれるかもしれない。

もう神様は不要。必要な情報はすべてＩＴが提供してくれるし、それ以上の提案もＡＩが勝手にしてくれる。

つまりは、ＩＴとＡＩを搭載した「スマホ」こそが現代人にとっての「神様」かもしれない。

現に世界中のほとんどの人が、バイブルよりもコーランよりもお経やお札よりも、長い時間スマホにすがりついているのだから。

手のひらまで降りてきた神様

ただ、「スマホが神様だ」と言ったところで、納得する人はそんなにいないだろう。たしかに、スマホは神様も同然のツールにはなるけど、それを使っているやつがいる。

そう、自分だ。

いまや宗教的な絶対神よりも、スマホ。

だけど、スマホを支配しているのが自分。

スマホなんて、電源を切ってしまえば漬物石にもならないのだから。

つまり、「救世主としての神様」は、漬物石以下のスマホに取って代わられ、オレたちはスマホに依存しながらも、常に手のひらで転がしている。

……ってことはだ。**21世紀、人類は「神様」を超越してしまった。**

実際、２０４５年には「シンギュラリティ」と呼ばれる分岐点がやってくるといわれる。

「人類の叡智《えいち》の結集（＝ＡＩ）」が「人類そのもの」を超えてしまう分岐点だ。

そのとき、これまで救済を求めていた「神様」は、「ＡＩ」へと選手交代し、ホモ・サピエンスとしての人類が有史以来、ずっと崇めていた「神様」はいなくなってしまう。

その兆候はすでにオレたちの「言葉」にも現れている。

「神ってる」「神じゃん」「神っすね」「オレが神なんだよ」「ネ申」「マジ神」「神対応」「神回」……などなど、いまや若者だけでなく「神」はあまりにも普通に使われ、意識に浸透し、周りはほんと神だらけ。

人類が誕生して約500万年、農耕が始まって約1万年、産業革命から約200年、IT革命から約30年、そしていま、時代は人類が神様を超え、「神」としての創造主が「手のひら」にまで降りてきたんだ！

世の中は完全に加速している。

2015年に出した『運がいいとき、「なに」が起こっているのか？』の付属CDでオレはこう語った。

「10億円を手に入れる方法がある。それは10年間、生きることだ。10年後には、いま、10億円払っても手に入らないものが普通にあるのだから！」

あれから5年がたった。まだ半分だけど、日常的には劇的に変わったことがいくつかある。

Google翻訳で海外のサイトを割と普通に読んでいる。日常的なニュースやちょっとしたブログ、ウィキペディアくらいなら、英語であれ、中国語であれ、ロシア語であれ、理解に苦しむことはほぼない。

5年前は「スマホユーチューバー」は存在しなかったが、オレを含めていまは多い。iPhone11で録画して、800円のアプリで編集してアップする。

最初から最後まで時間にして1時間もかからない。

さらに、新型コロナウイルスの自粛モードから、Zoomを用いたオンラインでの会議、オフ会などもかなり普及した。

近々、5Gが本格化したら、多くのことがさらに加速するだろう！

だからいよいよあと5年、生きているとどんな世界が広がっているだろうか。

5年、10年、生きているだけで、いまなら10億円出しても手に入らないものをゲットできる。**正直、オレは2005年に独立した当初には「なかったツール」を駆使して、いま生活している。**

思ったことが、容易に実現できる時代になり、そしてどんどん良くなっている！

これを「神」と言わずしてなんと言うべきか！

人類はＩＴ、ＡＩを手中にして、「神」になってしまった。

まあ、普通に考えて、いまの技術をもったままタイムマシンで弥生時代に行ったら、誰もが間違いなく神様扱いだけどね。江戸時代でもそうなるかも。

だから、マジすげ〜!!　まさに神じゃん！
オレは神だ！　あなたも神だ！

宇宙の創造主になるための最強の呪文！

でもさすがに「私は神」なんて言うと、頭がおかしいと思われる。

だから、こっそりと神、つまり「神意識」につながる方法を改めて教えるよ。プロローグでも言った呪文だ。

「神として」

この章の最初にも話したけど、いまは神意識の時代。だから、ほっといてもどんどん良くなる。10年後に10億円をゲットできるように。

けど、それでもやっぱり、いま、思ったことをスムーズに実現したいわけじゃん。

だから、ほんと、だまされたと思って「神として」を最初につけてほしいんだ。

そしたら、なんとビックリ、するすると物事が進みはじめる。

とりあえず、どんなことでも「神として」をつけてみる。いまのあなたなら、「神としてこの本を読み進めます」だよね。

どんなアホらしいことでもいいよ。

いや、むしろアホらしいことの方が本質に近づける。

たとえば「私は神としてうん○をします」と言ってトイレに駆け込んでほしい。

どうだろう。神として、座ってみる。

神として、パンツをさげて、出るのを待つ……。

この瞬間は70億人の人類、皆平等だよ。まるで悟りをひらいたような気になるよね。まさに神。


神として。正直、究極を書きすぎてしまったと反省するレベル。

願ったことが「神意識」にすぐに届いてしまい、簡単にかなってしまうから。

ただし、「神として宝くじに当たる」とか「神として合格する」みたいな、結果にこだわった使い方はNGだ。

なぜなら、それこそが単なる「神頼み」であって、「自分が神」である真実から切り離されてしまっているから。


「神として宝くじを買う」ならどうか。それはOK。

だけど実際に当たるかどうかはわからない。なぜなら「神意識」がすべてだから。

当たろうが外れようが、すべては神だから。

自分の思った通り（宝くじの当選）にならないからといって、「この呪文、効かねえ」と文句を言うようじゃ、その時点で神じゃない。

ただ、たいていは上手くいく。何事もやってみればいい。ものは試し。オレはもちろんやってるし、いまも「神として執筆している」のだよ。

「宇宙の真実」は神と人の境目がない状態

これまでの時代は、神は人と切り離され、常に上位に位置していた。

だけどいまは、神と人との境目がなくなり、一体として溶け込んだ意識でいる人が多くなってきた。

そしてそれが本来の姿であり、宇宙の真実なのだ。

そのことを思い出す呪文が「神として」であり、その瞬間、「神意識」の真意である

「どんどん良くなる」とつながるのだ。

だとしたら、「神として宝くじを買う」がどうして望み通りの「当選」を実現しないのか。どんどん良くなるなら、お金はたくさんあった方がいいと思う。

答えは簡単。宝くじに当たることがその人にとって必ずしも「良くなる」とは限らないから。宝くじに高額当選した人の７割が自己破産している、なんてこともいわれている。

では、「神として受験する」ならどうか。

願わくは合格したい。でもそれもまた、神意識の世界では合格だけが「良くなる」とは限らない。

オレ自身も大学受験に２度失敗し、そのときはたしかに絶望的だった。

だけど、そのおかげで、予備校で人生を変える講師との出会いがあった。そして、浪人の末に入学した大学も第一志望ではなかったものの、そこに行ったからいまのオレがある。

……ってことは、「神として」をつけたからと言って、望み通りの現実になるとは限らないってこと。

「人間万事塞翁が馬」なんて、よくいわれる〝スピ・ワード〟（スピリチュアル界隈《かいわい》でよくいわれる言葉）でお茶を濁すなんて、そんなのまやかしじゃないか、と思うだろう。けど、やっぱりそんなもんなんだ。

神意識に従えば、そこで「どんどん良くなる」につながるわけだから、顕在意識の「願い」がかなおうが、かなうまいが、それが必然ベストなんだ。

人生は、いつもいつも顕在意識の思い通りになるとは限らず、平坦《へいたん》な時期もあれば、ピンチだってつきもの。

それでも神意識はどんどん良くなっている。こんなイメージが割と正確だ。

DONYOKU

デコボコしながらもどんどん良くなっている「神意識の人生」

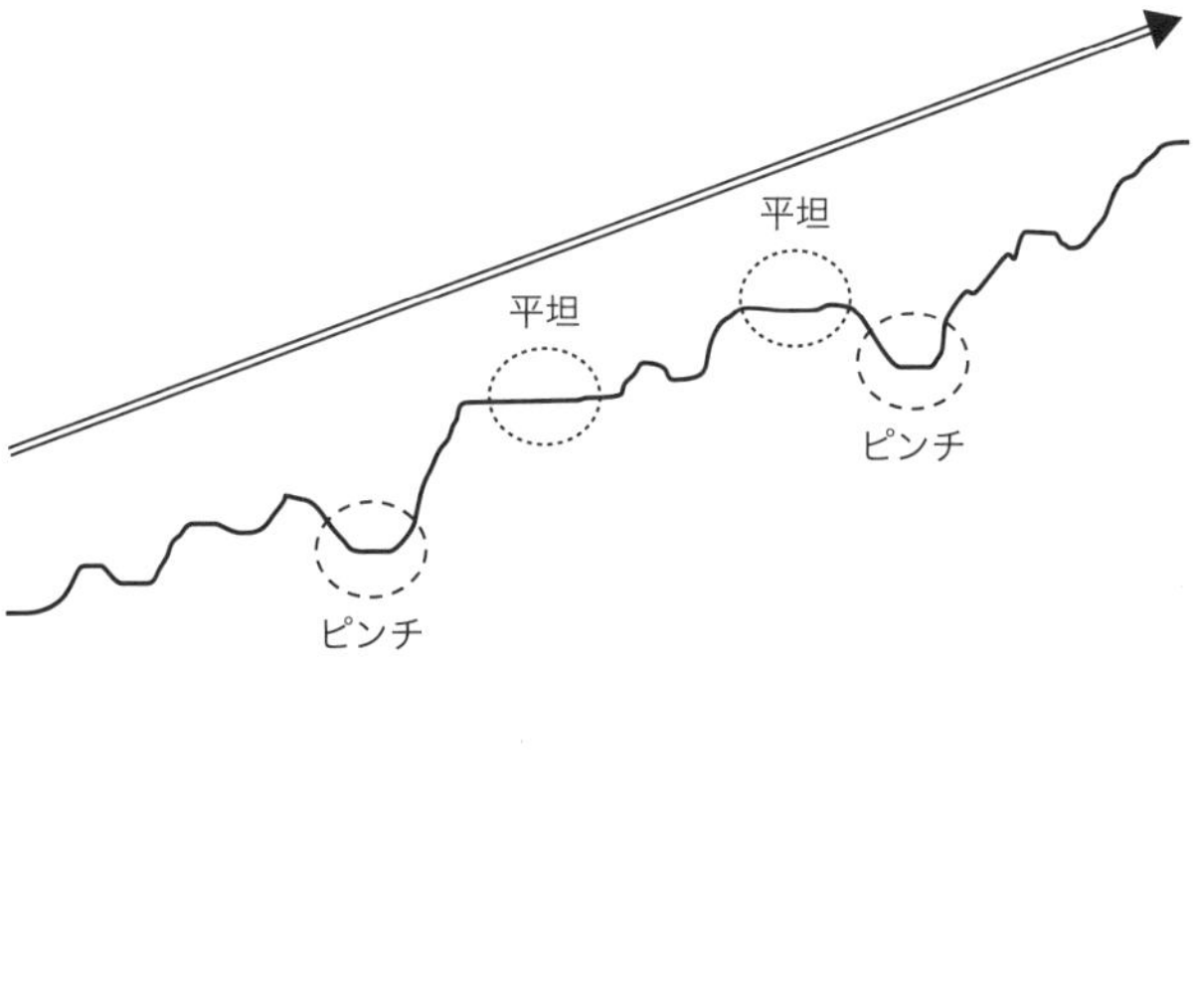

ピンチも神意識を思い出すことで、必然ベストの方向に導かれる

神意識の人生はデコボコしながらも、どんどん良くなっている。

ピンチのときとは、誰もが心当たりあるだろう。受験失敗、失業、倒産、離婚、借金など、一般に試練と思われることの数々。そのときは神意識を思い出してほしい。

そしてピンチのときにこそ、チャンスが到来していることもまた神意識によるものなんだ。

オレがいわゆるスピリチュアルの世界を知ったのは2004年くらいのこと。たとえば「ツイてる」と言えば運が良くなるなんて話を真に受けて、素直にツイてると言いまくっていたら、本当に人生が激変してきた。

その頃からスピリチュアルな出会いも加速し、天台修験の導師の下で滝行を始めたり、ブログで日々のスピリチュアル情報を書いたりしていると、スピリチュアルに精

通した仲間も増えていった。

非常に調子良く進んでいる中、勤めていた会社の仕事でピンチを迎え、結果、無一文のままに退職してしまった。

正直、人生最大のピンチなはずなんだけど、じつはあまり焦ってもいなかった。

いま思うと、すでに神意識とつながっていたからだ。

仕事も貯金も資格なんかもなかったけど、スピリチュアルな学びを通して、このピンチは神意識において間違いなくチャンスだと知っていたから。

そのとき、第4章でまた改めて説明したいと思うけど、「すごい」って言葉に出会い、奇跡的に収入が入るようになってきた。

あれからもう15年もたってしまったのだ。

そんな感じでオレの人生には何度もピンチが訪れたのだけど、**ピンチが完全に縮んだバネのように、そこから大飛躍へと結びついたのだ。**

まさに神意識において「ピンチはチャンス」であり、どんどん良くなる流れそのものってわけ。

だからもし、いまは思い通りの展開でなかったとしても、**神意識を思い出すことで、必然ベストの方向に導かれるもの。**

オレにしても、「ツイてる」と言いまくってせっかく順調だった会社員生活も、仕事上のピンチがなかったら退職していないし、退職していなかったら、いまのオレはないのだから。

これからは、神意識で世界は大きく飛躍する！

2020年の1年は、それはもう世界的に大ピンチだった。

ご存じのように新型コロナウイルスの出現だ。

紛争やテロ、災害など部分的にはピンチを迎えたことはあっても、世界規模でのピンチは間違いなく戦後最大。この様相を第三次世界大戦と呼ぶ人もいるけど、きっとそうなんだろう。

しかし、こんな状況であっても、神意識は働いている。

もちろん、多くの人が亡くなっている現実はある。とてもセンシティブなことは、承知の上、それでもやはりどんどん良くなるのだ。

たとえば、現段階でも驚くようなことが起こっている。

・ほとんどの国で経済活動をストップさせたことで、大気汚染が劇的に改善している（特に中国、イタリア、インドなど）
・南極、北極のオゾン層が復活しつつある
・自宅からのリモートワークが進むことで生産性が向上し、ソーシャルコストが削減される
・リモートワークが浸透することで、都市一極集中から地方分散型へ変化する
・医療、教育、政治、娯楽などのオンライン化が加速し、生活コストが削減される
・手洗いや掃除の習慣化により公衆衛生が劇的に改善される
・喫煙者の減少、生活習慣の見直しにより健康寿命が延びる
・各国の所得補償がベーシックインカム導入への布石となる

・「持続可能な開発目標」（SDGs）へと大きく前進する
・まったく新たな仕事、雇用が生まれる
・これまでの技術・価値観を大きく揺るがす進化が期待できる
・人類共通のギフト（新型コロナウイルス）との闘いを契機とした、世界の団結・平和

皮肉にも、人類の進化のきっかけは常にピンチだった。

ユヴァル・ノア・ハラリ著の『ホモ・デウス』によると、人類史における三大ピンチは飢餓、病原体、戦争といわれる。

だけどまず、飢餓については今日、ほぼほぼ克服することができ、貧しい地域の人たちは逆に飽食により寿命を縮めるほどに至っている。つまり、飢餓を克服するために、農業や流通の効率化を劇的に進めることができたんだ。

病原体については、かつてのペスト、天然痘、スペイン風邪が人類の多くを滅ぼしたのに比べると、この100年での公衆衛生と医療の向上により、犠牲者を大幅に減

らすことができた。

戦争についても、たとえば日本においては１９４５年の太平洋戦争の終結以来75年、一度も戦争をしていない。

世界を見ても、２０２０年現在においては、テロリストによる局地的な紛争を除いては、国対国としての戦争状態にある場所は事実上ない。

人類は幾度もピンチを迎えながら、叡智と倫理と技術革新によって確実に乗り越え、やはりどんどん良くなっている。「ピンチはチャンス」なんだ。

そのような人類レベルのピンチに比べると、オレたち一人ひとりの人生など、なんてちっぽけなんだろうね。

２０２０年は新型コロナウイルスの猛威に振り回されっぱなしだけど、生活スタイルや価値観の変容などを通じ、確実にどんどん良くなっている兆候を見せている。

そして最終的に、「どうせ良くなる」んだ。

どうせ
良くなる

第3章

人生がどんどん良くなる「どん欲」で神とつながる、神になる！

Chapter 3

DONYOKU

どんどん良くなるどん欲の正体とは!?
さあ、自信=自神を取り戻そう!

どんどん良くなる「神意識」は、どん欲なんだ！

・神として
・ピンチはチャンス
・どうせ良くなる

この3つの呪文が「神意識」につながり、人生が「どんどん良くなる」を大きく加速させる秘訣《ひけつ》だ。そしてこの「神意識」としての「どんよく」には、もうひとつの意味が込められている。**それは「どん欲」だ。**

2016年12月、オレは1000人規模のトークライブを企画した。それに至る経緯をお伝えしよう。

沖縄のとある離島で仲間たちとワインを飲んでいたら、近くにいた女性がこんなことを力説していた。

「やりたいか、やりたくないか、どっちかだから！」

話の経緯も知らないし、直接言われたわけでもないのに、妙に心に突き刺さったのだ。

オレがやりたいことってなんだろう。

その瞬間、こう思ったんだ。

「あ、オレ、1000人規模のトークライブやりたい」

そのときの思いは間もなく現実化する展開となった。会場の申込抽選会の3日前にギリギリで滑り込み、20倍ほどの倍率にもかかわらずゲット。

頭のどこかには外れてほしいとの思いもあった。だって1000人も集客するのは普通に大変だから……。

DONYOKU

神意識につながる3つの呪文

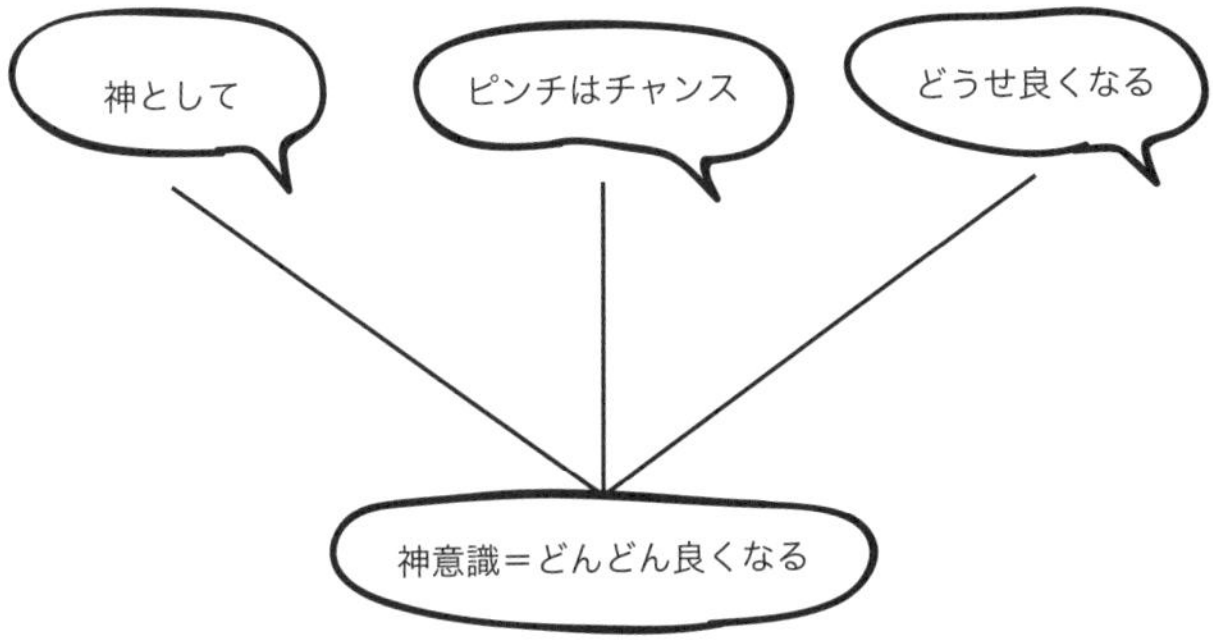

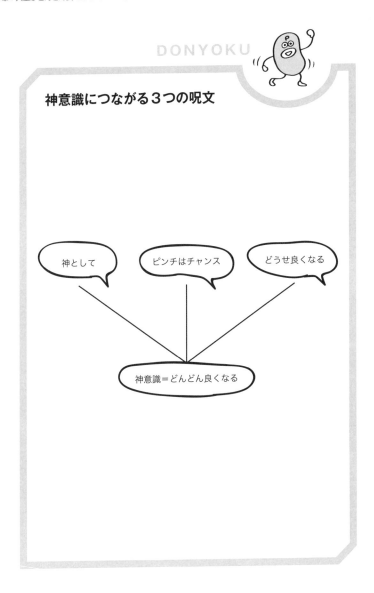

そのトークライブのタイトルを決める際、仲間たちとあれこれ話し合っていた。

「オレ的には『どんどん良くなる』って入れたいんだよね。略して『どんよく』とか。あ！　どんよく!?　どん欲‼　いいね！　これでいこう！」

そのまま「どんよくトークライブ」として、なんとか1000人の集客に成功。

本番1週間前には新宿西口で呼び込みのため、どん欲に街頭演説までした。それ自体が多くの感動を呼んだようだ。

願望実現の手段はどうでもいい！　エネルギーを燃やしてどん欲に突き進む

だけど、一方で冷ややかな視線を浴びせる輩《やから》がいたのも事実だ。

曲がりなりにも願望実現に関する本を書いている。

「だったら、そんな苦労しなくても、サクッと1000人とか集められないのか」

「不特定多数が往来するところ、街頭演説までして呼びかけないと集まらないなんて、願いをかなえたなんて言えないよ?!」……って。

いやいや、ちょっと待ってくれ。オレの願いはトークライブを成功させることなんだ。**そのためになぜに手段を限定しないといけないのか？**

これは、最近も言われたことだ。オレはユーチューバーとしてチャンネル登録者10万人を突破するのに2年、動画を500本以上もアップしている。

だけど、「嵐」だったら、1日で100万人だ。

「江頭2：50」も、9日で100万人。

「それに対してQさんは100万どころか、10万を突破するのにそんな長い時間かけて、そんだけ動画をアップしてるなんて、非効率的だ」

いやいや、ちょっと待ってくれ。

オレの願いはユーチューバーとして成功すること。

そのためには、目的に向かって「どん欲」に突き進むしかない。

嵐や江頭のような知名度もないなら、ゴールだけをにらんで、できることをすべてやる、大量にやるしかない。効率など二の次だ。

もともとオレなんか「なんの取り柄もない男」と言われつづけてきた。

そんなオレがそれなりに願いをかなえるには、**エネルギーを燃やして「どん欲」に突き進むしかなかったわけよ。**

この地球で結果を出すには堂々と「がんばれ」ばいい

つまり、願いをかなえるコツはまさにこの「どん欲」さにある。

この本を手に取っている人には、いわゆる「スピリチュアル好き」が多いかもしれない。このスピ好きの中には、この辺を忌み嫌う人が少なくない。

さっき言ったみたいに、楽にサクッとかなえることを良しとするか、または願い自体を否定して斜に構える雰囲気もある。

一言で言うと、「結果はほしいけど、がんばりたくはない」ってことか。たしかにがんばりはダサい、痛いと思われることもある。

「がんばらなくていい」は、宇宙的な究極レベルでは真実ではあれ、**この地球である程度の成果を出すには、なんだかんだ「がんばり」が必要なんだ。**

「顔晴り」などと当て字を使う必要もない。堂々とがんばればいい。


そしてこの「がんばり自体」を楽しむ。

これが秘訣なんだ！

やりつづけた人だけが手に入れる「神意識直線」

ビジネス書なんかでよく見かける「成功曲線」ってのがある。

何事もやりはじめは成果が出ない。本当なら、やったらやっただけ比例して成果が出ればやる気も出るし、継続もできる。

だけど、ほとんどの場合はそうじゃなくて、初期段階はひたすら忍耐の時期が続く。この時期に脱落する人がほとんどだ。

やりつづけたごく一部の人のみ、ある時点で急に風が吹きはじめ、ドカンと次元上昇する。

この「最初は成果が出ないけど、ある時点でドカンと次元上昇」するS字カーブの曲線を「成功曲線」と呼ぶことが多いのだけど、**オレはしばしば「潜在意識曲線」と呼んでいる**（次ページ上図参照）。

潜在意識はとにかく変化を嫌うから、最初の方はやっていても「変化させまい、させまい」とブレーキをかけてくるんだ。

それが現状維持メカニズム。それでもずっとやっていると、潜在意識がどっかで根負けして……というか、**やっただけのエネルギーがしっかり結果に結びつく。**

そのとき、潜在意識ではS字の曲線で飛躍するのだけど、初期の現状維持メカニズムを打ち破ると、神意識の直線と交わる日が来るんだ。

それを文字通り「神意識直線」と呼んでいる。

潜在意識曲線（成功曲線）と神意識直線

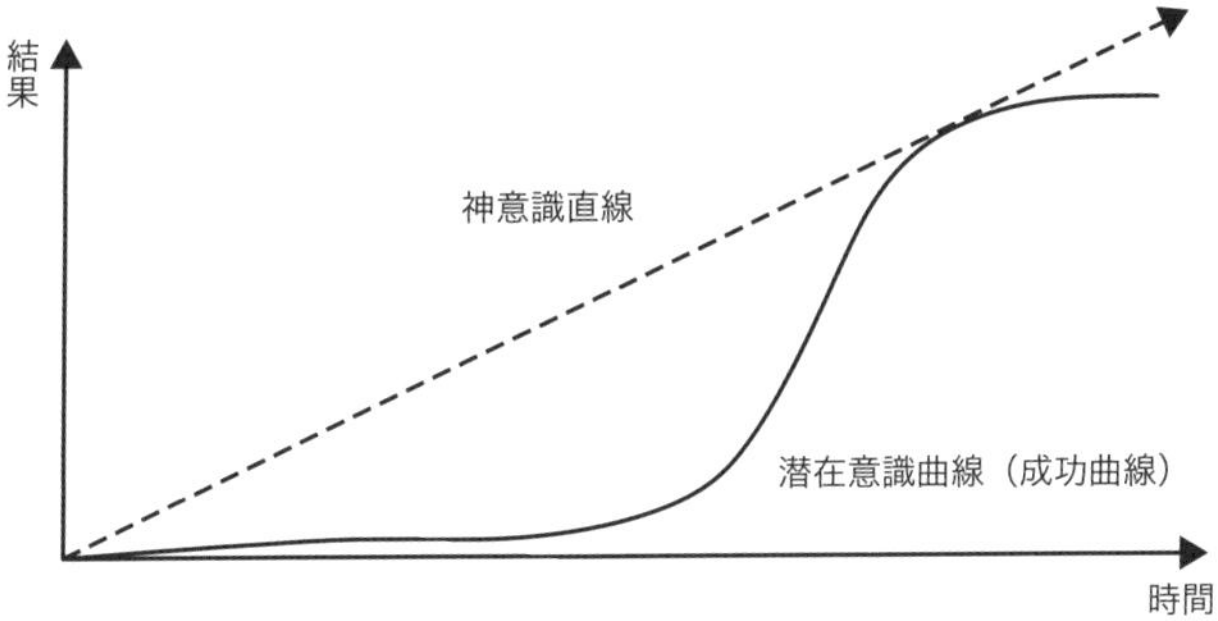

オレの YouTube の登録者数解析アプリ

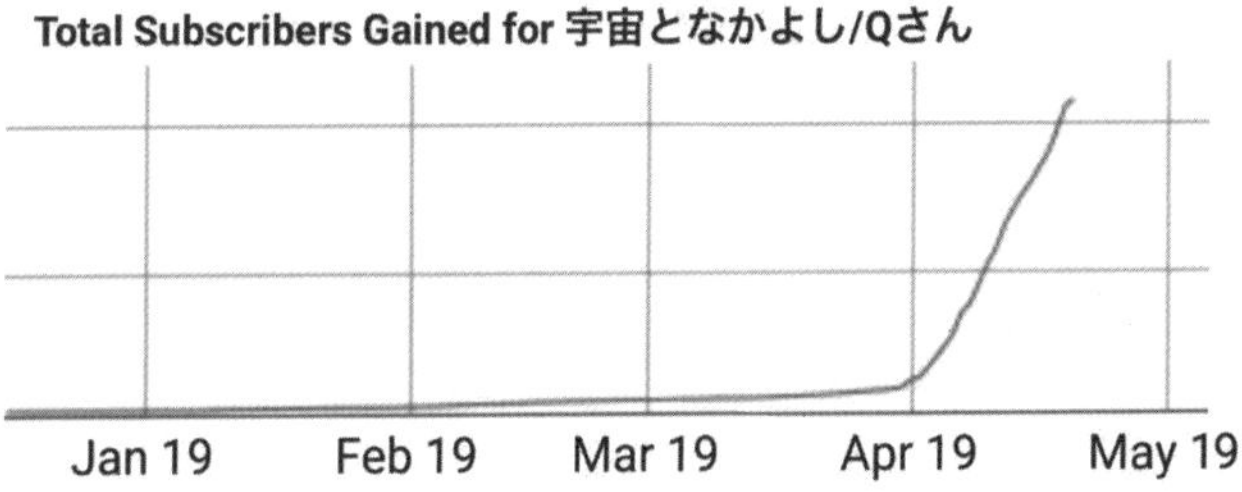

たとえば、前ページ下図を見てほしい。

YouTubeの解析アプリ（Social Blade）から、オレのチャンネルのスクショ。

2019年1月から5月までの期間、登録者数（Subscribers）が見事にS字カーブになっている。

多くの人が初期段階でリタイアするのは、「神意識直線」が見えていないからだろう。神意識では「どんどん良くなる」のだし、「どうせ良くなる」のだから、それを知っていたら続けるのは簡単だ。


オレは言うまでもなく見えていたよ、神意識直線が！

見えていたからこそ「どん欲」に続けられたのだし、いまもなお、実際にはS字カーブをたどりながら、順調に神意識直線を進んでいる。

他人に聞くやつは神にはなれない

どんなことでも、この直線・曲線が成り立つかというと、もちろんそんなことはない。

たとえば、オレがいまから「プロ野球選手になる」とスタートを切って、地道に努力しても絶対に無理。

「いや、そんなことないですよ。神意識直線があるなら、努力すれば可能なんじゃないですか？」

そんなふうに聞いてくる人もいるかもしれないが、無理なものは無理。

その理由はオレ自身が「無理」と認めているからだ。そして、そもそも野球選手になどなりたくない。

それから、いまだにやってくるのが、YouTubeのコメント欄などで、「ハゲとるやん！　もの言うなら髪を引き寄せてからにせえよ」なんて心無い言葉。

あのさあ、別にオレはこれでいいの、心の底から。実際、これで困ることもないし、女性にもモテるんだ。髪があるときよりぜんぜんモテてるから。

ようは、自分で「無理」とわかっていること、望んでないことはどんなにがんばっても実現しない。


よくこんなふうに聞かれることがある。

「私でもYouTubeで成功しますかね？」

「会社を辞めて起業したいんだけどどうでしょう？」

「彼と復縁できると思いますか？」

「海外に留学したいのだけど成功できますか？」

「いまから婚活しても間に合いますか？」


オレはあなたじゃないんだから、そんなことわからないよ。

こんなふうにしばしば他人に聞いてくる人もいるけど、その時点でダメ。「他人に聞

郵 便 は が き

料金受取人払郵便

新宿北局承認

8635

差出有効期間
2022年 7 月
31日まで
切手を貼らずに
お出しください。

169-8790

154

東京都新宿区
高田馬場2-16-11
高田馬場216ビル 5 F

サンマーク出版愛読者係行

ご 住 所	〒 都道府県	
フリガナ		☎
お 名 前		( )
電子メールアドレス		

ご記入されたご住所、お名前、メールアドレスなどは企画の参考、企画用アンケートの依頼、および商品情報の案内の目的にのみ使用するもので、他の目的では使用いたしません。
尚、下記をご希望の方には無料で郵送いたしますので、□欄に✓印を記入し投函して下さい。
□サンマーク出版発行図書目録

1 お買い求めいただいた本の名。

2 本書をお読みになった感想。

3 お買い求めになった書店名。

市・区・郡　　　　町・村　　　　書店

4 本書をお買い求めになった動機は?

・書店で見て　　・人にすすめられて
・新聞広告を見て(朝日・読売・毎日・日経・その他＝　　　)
・雑誌広告を見て(掲載誌＝　　　)
・その他(　　　)

ご購読ありがとうございます。今後の出版物の参考とさせていただきますので、上記のアンケートにお答えください。**抽選で毎月10名の方に図書カード(1000円分)をお送りします。**なお、ご記入いただいた個人情報以外のデータは編集資料の他、広告に使用させていただく場合がございます。

5 下記、ご記入お願いします。

ご職業	1 会社員(業種　　) 2 自営業(業種　　) 3 公務員(職種　　) 4 学生(中・高・高専・大・専門・院) 5 主婦　　6 その他(　　)		
性別	男・女	年齢	歳

く」って時点でどうかと思わないのかな？

別に他人からのお墨付きなんかなくても、やる人はやるし、成功する人は成功する。

「お魚さばいてみたいんですけど、できますかね？」なんて聞かないでしょ。

魚さばきたかったらYouTube見たらいくらでも解説してるわけで、オレに聞く前に見るでしょ？

だから、ここで基準を設けるよ。

神意識につながる人は、人に聞かない。

そもそも聞かれた方も困るよ。

これは本当にあった話だけど、「生活保護から抜けたいのですが、大丈夫でしょうか？」って知らない人からＬＩＮＥで聞かれたとき、素直に思ったまま、「生活保護の方がいいよ」と答えたら、超絶に逆ギレされたこともある。

逆に、「毎日ブログ書いていたら借金返せますかね？」と聞かれたとき、本心ではそんなことないと思いながらも、何もしないよりはマシと思い勧めたところ、１００日書いても成果が出なかったらしい。それで「Ｑさん、言ったじゃないですか？」

と、またキレられたこともある。

結局、それは自分を信じていないということ。
その自分って神を信じていないし、つながっていない。

だったら、やめた方がいい。
神意識につながっているとき、そこには自信があり、言い換えると**「自信」＝「自神」があるんだ。**

自信は足すものじゃない、戻すものなんだ！

「自信」＝「自神」とは「ありのまま」の姿。
しばしば、「自信をつけるにはどうすればいいですか？」なんて質問をいただく。
そもそも自信なんて「つけるもの（足すもの）」じゃないんだ。

自信のマックスは生まれた瞬間。それが、成育の過程で人々と関わることで、失われていくものなんだ。

「お前はダメだ」「能力がない」「１００点でないと意味がない」「早くしろ」「もう少しちゃんとしろ」「いい子でいろ」……それらの言葉は、つぎつぎと自信の目盛りを下げていく。

生まれた瞬間のマックスの状態がそのまんま維持されることはほとんどない。多かれ少なかれ、自信の目盛りは下がっていく。

つまり、自信は足すものじゃなく、戻すものなんだ。

生まれたばかりの赤ちゃんは自信のかたまり。ただ、存在するだけでいい。自分では何もしなくても、ご飯、着替え、お風呂、遊び、すべて誰かがやってくれる。

「ありのまま」でマックスに価値がある。

そんな赤ちゃんの姿を見て「神」と思う人も多いだろう。赤ちゃんこそが神。生まれた瞬間、多くの人がその姿を見て涙する。

オレももちろんそうだった。長男が生まれた13時39分、産婦人科にはモーツァルト

生まれた瞬間マックスの「自信」を下げる言葉

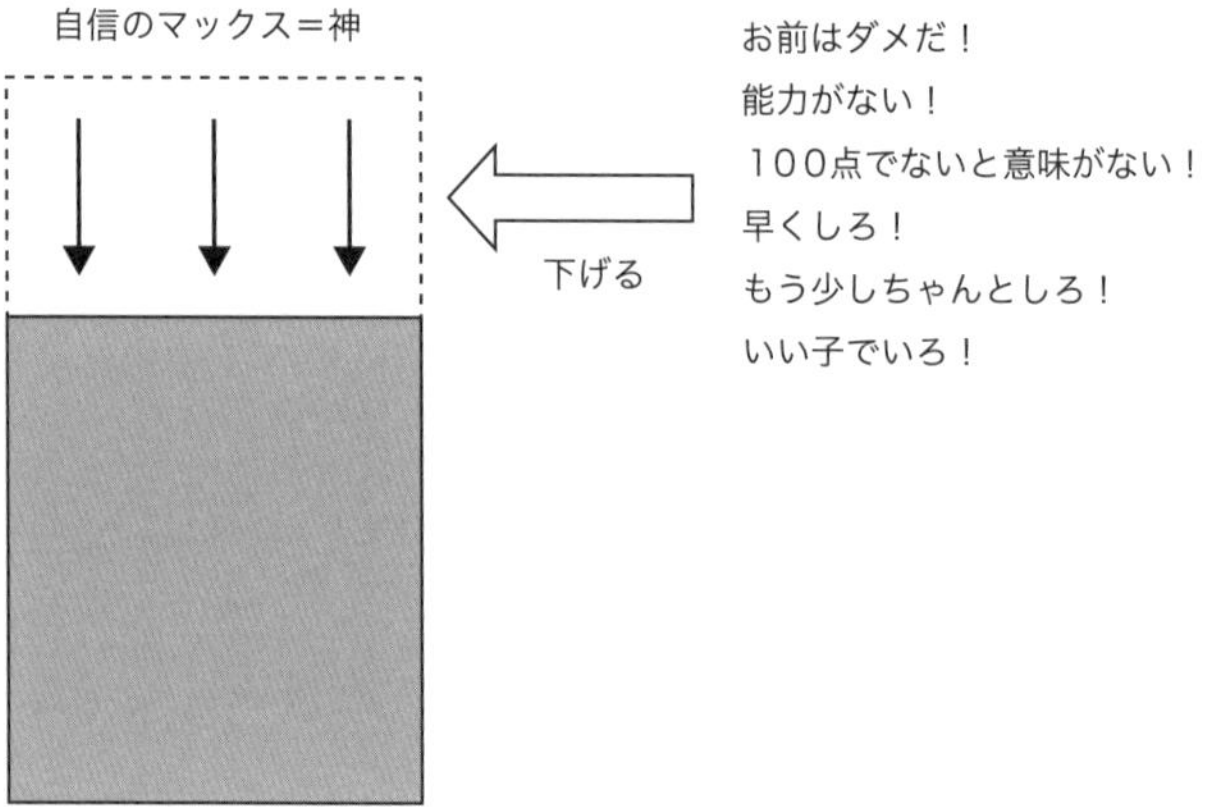

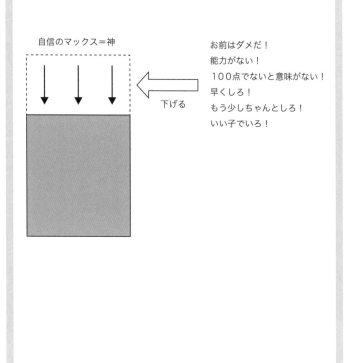

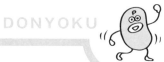

の『ディベルティメントニ長調K．１３６』の冒頭が流れており、まさに「神」がこの世に降臨したことを感じた。

しかし、本来「神」であった人たちも、**徐々にその「神性＝自信」を失い、他人や環境に依存しはじめる。答えを周囲に求めようとする。**

本来の「神意識」から離れてしまうんだ！

どん欲に「やりたい！」と感じるとき、「神意識」につながっている

「神意識」につながるとき、人は潜在意識のブレーキも、超意識からのムチャブリをも超越する。

そして、**もっとも自然な力の抜けた感覚で「やりたい」と〝どん欲に〟感じるもの。**

赤ちゃんが、好きなときに泣き、自由気ままに眠り、自分勝手に笑うように、ただ

「あるがまま」にやりたくなるとき。

そこには迷いがない。自信に満ちている。

まさに神として存在し、動いている。


もしいま、あなたにやりたいことがあるとしよう。

でも、それはもしかすると、「自信」の目盛りを埋めるためのものになってはいないだろうか？

「～をすれば認められる、自信がもてる」などという条件としての意識があれば、それはすでに神ではない。


下がった自信は何かをすることや、人から認められることで埋まるものじゃない。

たとえば、本当はなりたくなかったのだけど、医者になることで父親から認められると思ってなった。幼い頃から厳しく育てられ、100点でないと叱られた。医学部に入るために塾に通い、その努力のかいがあり、医学部に入り、医者になることができた。でも何か物足りない……というように。

人生とは、生まれたときの「神」の状態から、「人」としての生き方に変わることであると同時に、「神」という本来の姿を思い出す旅路なのかもしれない。

神は完全、人は不完全。それでも、神は人であり、人は神なんだ。

「元に戻る」ことで天命につながる

自分の天命ってなんだろう。

こう思うことはあるだろうか？　これは永遠のテーマだろう。

その答えは、じつはこれまで生きてきた中で出ている。

天命とは、「神として」の自分に近いとき。

究極は生まれた瞬間だけど、そのときはまだ自分で自分を認識する力もないので、

よほどの人でないと思い出せないだろう。

だけど、昔の自分を思い出すことはできるかもしれない。

つまり、「元の自分」だ。

オレは中学の頃、かなりいけてない存在だった。

人前に出るとか、女子と話をするとか、苦手だった。

高校1年の1学期、どうしても人前でしゃべらないといけない場面があった。

それがなぜか大うけした。その後もしゃべるたびに大うけした。

高校卒業後、とある予備校で10分間だけスピーチしたときも大うけして、その後、生徒たちがオレの前に行列を作った。オレのしゃべりはいけるのか。

このようにちらっと「予感」することはあったけど、まさか「しゃべり」が仕事に結びつくとは考えられなかった。

それがいま、セミナー講師やユーチューバーとして、はるか昔に「予感」したことが現実になっている。それも、当時は知らなかった仕事だ。

友人の島香織さんは7歳のとき、たまたま音楽の授業で童謡を皆《みんな》の前で歌ったのだが、先生から「島さんは上手《じょうず》だったのでもう1回歌って」と言われた。

その一言をきっかけに歌手を志すようになり、いまやシンガーソングライターとして地元の富山を中心に活動し、全国CMでもお茶の間にその歌声が流れている。

同じく友人の岡本弥子さん（弥勒《みろく》のみこちゃん）は、離婚、体調不良、恐怖心によって人生のどん底にある中、「7歳のときに教えてもらったおばあちゃんの話」を思い出した。それは仏教・神道の神様の教え、そして「掃除」の力だった。

その教えを「美浄化」と名付け実践する中で、余計なものがどんどん取り除かれ元に戻っていった。その後、オレとの出会いをきっかけに天職を得て、最愛の人とも結ばれ、なんと本の出版までしてしまった。


自分の使命に迷ったら「昔の自分」に聞いてみるといい。

どんなことが好きだったか、得意だったか、ほめられたか、違和感がないか、自然か？

違和感があるときの呪文「元に戻ります」

オレはどんなにあがいてもプロ野球選手にはなれない。

体格や才能以前に、〝違和感〟があるからだ。

10歳の長男は、3、4歳で「僕は高専に進んで、将来はロボットを作るんだ」と言いはじめた。

いまもプログラミングの勉強は集中するが、せっかく買ったボクシングセットも、数回ミット打ちをしただけで、いまは三男のおもちゃになっている。

たしかにあの長男にボクシングは違和感がある。理屈じゃなく、わかるんだ。

なんか、上手《うま》くいかないとき、そこには違和感がある。

そんなときは唱えてみるといい。

「元に戻ります」

この呪文に出会ったのは２０１８年の夏頃。

まさにYouTubeを始めるかどうかの時期だったけど、いろいろやりすぎて、パニック状態になっていた。

進めていた企画が、お金を持ち逃げされ頓挫したり、あちこち首を突っ込んでは人間関係を悪化させたり、気がつけば出費ばかりで収入が激減していたり……。

そんなとき、この「元に戻ります」に出会って、落ち着いて唱えてみた。

すると、**オレが本来やるべきことが見つかったり、しゃべりを武器としたYouTubeが注目されたり、人からは心なしか顔が優しくなったとも言われた。**45年間、ずっと一重まぶただったのが、急に二重になってかわいくなったりもした（笑）。

かなうことしか願えない

結局、願望実現の究極の姿は「かなうことしか願えない」ってことだろう。

オレはいまさらプロ野球選手にも音楽家にもなりたくないし、髪の毛も別にいらない。それらを願望にするとかなりきついよね。

だけど、「しゃべり」を武器に仕事するとか、世界を旅しまくるとか、毎日気楽に生活するとか、なんとなく自然と願ったことはすべてかなっている。

「元の自分」に戻ると、違和感のある不自然な願いは出てこなくなるんだ。そのとき、人は神として生きている。自分自身が創造主となり、世界の中心にいる。

「人として」生きている状況では、どうしても欠落感を抱えてしまう。

それを埋めるために、違和感のある不自然な願いを立ててしまうことだってあるんだ。そうやって不健全にがんばってしまう。

欠落感のおかげで物質的には豊かになったりすることもある。

だけど、酒やキャバクラで一時的な充足感を求めて、翌日に自己嫌悪に陥るように、なんか違和感がぬぐえない。


そんなときは元に戻ればいい。

「元に戻ります」と唱えてみればいい。何度も唱えてみればいい。

そうやって「神として」生きるフェーズに戻ったら、あとは宇宙から勝手に「願い」が与えられて、健全にがんばることでかなってしまうもんなんだ。

もちろん、やってる途中ではデコボコ、苦労することもあるよ。

そのデコボコは潜在意識がブレーキをかけているからであって、その後はだいたい飛躍する。

そして結局、どんどん良くなっているし、どうせ良くなるんだ。

どん欲であれ！　バカであれ！

スティーブ・ジョブズが生前、こんなことを言っていた。

「Stay Hungry.　Stay Foolish.」


「どん欲であれ！　バカであれ！」って意味。

オレもこの言葉にめちゃくちゃ共感する。

ここでのどん欲とは、純粋に上に向かって進んでいる姿。

人から認められようなんて気持ちはない。

なぜなら、バカだから。バカは人目を気にしない。

『釣りバカ日誌』や『空手バカ一代』のようなひとつのことに愚直に打ち込めるバカ。いろんなバカがいてもいい。

音楽バカ、野球バカ、プロレスバカ、料理バカ、自転車バカ、プログラムバカ、祭りバカ、読書バカ、マラソンバカ、YouTubeバカ、金儲《かねもう》けバカ、神社バカ、旅バカ……いろんなバカがいる。**それらのバカは常にどん欲。**

オレは好きが高じてジャズレコードの個人レーベルを作ってしまったのだけど、正直、儲かる仕事じゃない。

ジャズって音楽自体がいまやメジャーでもないし、ギャラからスタジオ代からプレス代から、それなりに費用がかかる割には実入りも少ない。好きだからやっている。だけど、そんなオレなんかよりもっとバカなのは、ミュージシャンの方だ。

さっきも言ったように、正直、ジャズミュージシャンなんて儲からない。

いまではジャズ専門の大学まであるから、そこの教員にでもなったらそれなりに生活はできるだろうが、そうでもないと基本日銭稼ぎだ。

それでも彼ら彼女らはジャズ道を極めんがために、練習はもちろん、楽器や体験に対する出費もけっして少なくない。

それだけ投資しても、興行的な成功が約束されるわけじゃない。

ジャズといえば、『BLUE GIANT』なるジャズをテーマとしたマンガがある。

読んでいてめちゃくちゃ熱くなるけど、それは主人公のバカさに共鳴するからなんだ。単身ヨーロッパに武者修行に行き、食うものがなく水を汲《く》んで空腹をしのぎつつ、クソ寒いドイツの川辺で何時間も練習する。

ひとつのことに打ち込むバカの姿は美しい。

そんな瞬間にこそ「音楽の神様（ミューズ）」のほほえみを感じるのだろう。

多くの人は、神として生まれながらも、その「ありのまま」の姿にケチがつけられ、気づけば他人のために生きるようになる。

他人からほめられるよう、叱られないよう、生きるようになる。

だからこそ、どん欲に、本当にやりたいことを思い出してほしい。

そう、それを見つける方法は「元に戻ります」だったね。

だけど、人は「神」の側面をもつ一方、やっぱり「人として」生きている。

それでも、特にピンチであればあるほど、その後の飛躍は大きくなるし、時には奇跡を見ることもある。いや、人生はそのものが奇跡の連続なんだ。

そんな奇跡が起こるとき、人はしばしば「すごい」と叫んでしまう。

そしてこの「すごい」が人生にドライブをかける。

つぎの章では、この「すごい」の奇跡を体感し、人生がどんどん良くなる、その秘訣をお伝えしたい。

まだまだ
続くよ

第4章

「すごい」のすごい力で人生のハイパー・インフレ体質になる！無謀な夢もヘラヘラしながらかなえよう

Chapter 4

UKOYNO

「すごい」の正体を知れば、もうインフレ体質！
そして、**夢をかなえる方法**を熱く熱く語るよ！

「原因」と「結果」の法則

ジェームズ・アレン 著／坂本 貢一 訳

アール・ナイチンゲール、デール・カーネギーほか「現代成功哲学の祖たち」がもっとも影響を受けた伝説のバイブル。聖書に次いで一世紀以上ものあいだ、多くの人に読まれつづけている驚異的な超ロング・ベストセラー、初の完訳！

定価＝本体 1200 円＋税
978-4-7631-9509-8

「原因」と「結果」の法則
AS A MAN THINKETH
ジェームズ・アレン
JAMES ALLEN
坂本貢一［訳］
愛されて10年。
「成功の秘訣から人の生き方まで、すべての原理がここにある」稲盛和夫氏
幅広い世代から支持されている人生のバイブル。
毎年、版を重ねて60万部突破！
サンマーク出版

生き方

稲盛和夫 著

大きな夢をかなえ、たしかな人生を歩むために一番大切なのは、人間として正しい生き方をすること。二つの世界的大企業・京セラと KDDI を創業した当代随一の経営者がすべての人に贈る、渾身の人生哲学！

定価＝本体 1700 円＋税
978-4-7631-9543-2

生き方
人間として一番大切なこと
稲盛和夫
不朽のロング・ベストセラー、
130万部突破!!
世代とともに読みつがれる、
人生哲学の"金字塔"！
海外13カ国で翻訳、中国でも150万部突破！
大きな夢をかなえるために、たしかな人生を歩むために。
サンマーク出版

スタンフォード式　最高の睡眠

西野精治 著

睡眠研究の世界最高峰、「スタンフォード大学」教授が伝授。
疲れがウソのようにとれるすごい眠り方！

定価＝本体 1500 円＋税
978-4-7631-3601-5

スタンフォード式
最高の睡眠
The Stanford Method for Ultimate Sound Sleep
西野精治
30万部突破！
「睡眠負債」の実態と対策に迫った
眠りの研究、最前線！
テレビで大反響
睡眠本の超決定版！
サンマーク出版

の電子書店で購読できます！

!、honto、BOOK ☆ WALKER、COCORO BOOKS ほか

モデルが秘密にしたがる体幹リセットダイエット

佐久間健一 著

爆発的大反響！

テレビで超話題！芸能人も－17 kg !! －11 kg !!!

「頑張らなくていい」のにいつの間にかやせ体質に変わるすごいダイエット。

定価＝本体 1000 円＋税
978-4-7631-3621-3

ゼロトレ

石村友見 著

ニューヨークで話題の最強のダイエット法、ついに日本上陸！

縮んだ各部位を元（ゼロ）の位置に戻すだけでドラマチックにやせる画期的なダイエット法。

定価＝本体 1200 円＋税
978-4-7631-3692-3

見るだけで勝手に記憶力がよくなるドリル

池田義博 著

テレビで超話題！ 1日2問で脳が活性化！

「名前が覚えられない」「最近忘れっぽい」

「買い忘れが増えた」

こんな悩みをまるごと解消！

定価＝本体 1300 円＋税
978-4-7631-3762-3

「すごい」は平常を超越した出来事を引き寄せる

オレはやたらと「すごい」を連発する癖がある。

15年前、会社を辞めた直後、全財産は30万円。それが3か月でなくなり、いよいよやばいと思っていたら、すごいものが来た。

それが「すごいペンダント」だ。

パワーグッズの一種だけど、ひょんなことからそれを販売することで3年間は生き延びた。

その後はセミナー、講演、出版、コーチング、そしてYouTubeなど自分のやりたいこと、やるべきことも見つかっていった。

ここで言いたいのは、そのペンダントの効果云々《うんぬん》ではない。

大切なのは、「すごい」という言葉。

ブログで「すごいペンダントがやってきた！」と叫びまくっていたら、そのうち通称が「すごペン」となり、ネットを中心に拡散していった。

プロローグで紹介した動画「【すごい】48時間以内にすごい！　すごい！　すごいことが起こる話です！！！」だけど、**これがもし「48時間以内に『良いこと』が起こる」だったら、そんなに威力もなかっただろう。**

昔、ＣＭで「私、脱いでもすごいんです」ってセリフがあったけど、世の男性だけじゃなく、女性の心をもわしづかみにした。

「すごい」には、何かわからないけど、「すごい力」があるような気がしてならない。

語源を調べてみると「過ぐ」、つまり「度が過ぎる」って意味。

だから、常に平常を超越した出来事を引き寄せる力があるんだろう。

もちろん「すごい」は良くない意味で使われることもあるけど、そもそもの設定が

「どんどん良くなる」だから、やっぱ良いことしか起こらない!

そこでオレは提案する。


奇跡を起こす、もっとも簡単な方法は「すごい」を口癖にすることだ!

脳は空白を埋めようとする

なぜ、「すごい」が本当にすごいことを引き寄せるのか?

たとえば、会社の応接室に立派なジグソーパズルが飾ってあったとしよう。

もしそのパズル、2~3ピースが欠けていたらどう感じるだろう。めちゃくちゃ気持ち悪いに違いない。**そう、脳には空白を嫌う原則がある。**20人分の座席が用意されていて、19人が着席していたら、残った1席が気になってしまう。

脳の「空白の原則」といわれるのだけど、「すごい」って言葉もそう。つぎの図の通り、「すごい」の部分は過剰であり、現状を差し引くとそこに空白ができてしまう。**すると、脳はその空白を全力で埋めようとするから、ちょうど辻褄《つじつま》合わせのように、「すごい」を証明する現実が引き寄せられてしまうんだ。**

さっき話した「すごいペンダント」だって、いってしまえばいわゆるパワーグッズだ。誰だって自分が扱っているグッズが一番と思うから、実際、どこまで「すごい」のかはわからない。

だけど、オレにとってはその「すごい」が生活を救った。独立して3年くらいはそれだけで生きていたのだからすごい。

また、すごいペンダントからオレのことを知った男性が、ブログを見てセミナーに参加されたのだけど、その7年後にオレのセミナーで知り合った女性と結婚したよ。本人が一番「すごい」と思っているはずだ。

つまり、「すごい」は脳に「空白」を作り、その「すごい」に相当する現実が勝手に引き寄せられるってメカニズム。

人それぞれとかじゃなく、それは誰にでも再現できるメカニズムなんだ！

DONYOKU

「すごい」は脳に空白を作り、その空白を埋めようとする

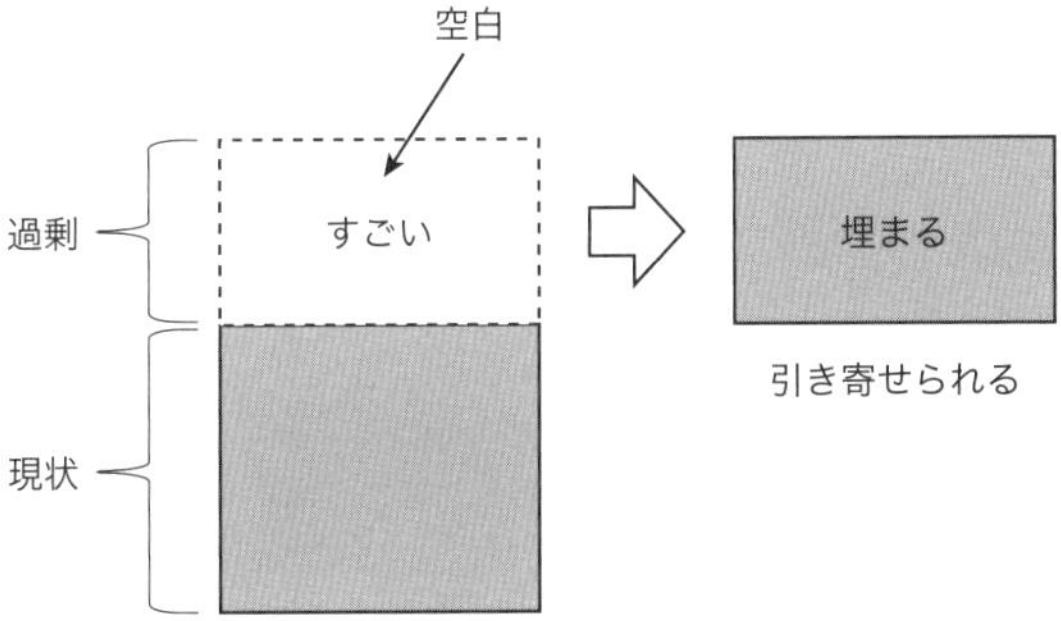

世の成功者は皆どん欲だ

じつは、「すごい」と「どん欲」は関係が深い。

2年ほど前、ネットで「藤井風」ってアーティストを見つけた。周りに「この人はすごい」と言いまくっていたら、ついこないだメジャーデビューして、ファーストアルバムも出した。それがやっぱり「すごこ」かった。

56か国旅したオレのベストはアイスランド。日本には主要ガイドブックもないけど、あり得ないほど純度の高い水と空気。メシもうますぎ。世界に30万人しかいないアイスランド人は透明感がすごく、美しい。火星のような景観。それでいて思ったよりアクセスもいい。「すごい」国だからぜひ行ってほしい。

あと、オレは小学4年生くらいから大の『キン肉マン』ファン。名刺にも「趣味：キン肉マン」と書くくらいに好き。キン肉マンの話だったら飲みながら夜通し語っていられる。とにかく、「すごく」好きすぎなんだ。

オレの趣味をつらつらと聞かされてもだけど、自分の好きなものに対して「好き」とダイナミックに表現するのがポリシー。

思えば、世の成功者ってだいたいそうだ。

スティーブ・ジョブズにしても、ビル・ゲイツにしても、リチャード・ブランソンにしても、自社の製品について、ここぞとばかりにＰＲする。遠慮がない。

知り合いの女性に営業関係の仕事で一財産築いた人がいる。

うまい店でメシを食うのに一緒に並んでいたら、突然、前後に並ぶ人たちに「これ、すごいから」と、猛烈に商品をＰＲしはじめたのはさすがにドン引きだった。その後、どうなったか知らないけど、日常がそんな感じなんだろう。

ようするに「どん欲」なんだ。

「痛い」なんて言われてナンボ！「好き」と言うことから始めよう

世の人は、そんなどん欲な人たちに対して、「みっともない」とか「痛い」とか言いがち。オレもあるネット掲示板では「痛いやつ」と言われまくりだそうだ（波動が下がりそうだから見ないけど・笑）。

でもさ、人生なんて「痛い」と言われてナンボだよ。

自分をセーブして、無難に、陰口叩《たた》かれないように生きる。傷つきはしないけど、何も残らないから。

逆にどん欲に、痛々しく、みっともなく生きて、失うものって何がある？

たしかに、悪口言われて嫌な気はするだろうけど、でも、その何倍も応援してくれる人がいるもんだ。

だって、本当は皆《みんな》、本音ではどん欲に生きたいわけだから。

「痛い」とかって批判する人は、単にうらやましいだけなんだよ。

でも、いきなり「どん欲になれ」と言われても難しかったら、まずは好きなものを「好き」と大袈裟《おおげさ》に言ってはどうだろう？

すごい好き！　めっちゃ好き！　最高に好き！……というように。

オレが小学生の頃、読んでいたマンガにこんなセリフがあったのを思い出した。

「嫌いって言うのは簡単だけど、好きな人のことを好きって言うのは難しいよね」

なんのマンガだったかも覚えてない。

でも、当時のオレにとってすごく印象的だった。

「嫌い」とは言えても、「好き」って言えない。言ってしまうと、周りから冷やかされるから。でも、そうやって心が押さえ込まれていくんだな。

つまり、好きを好きと素直に言えないマインド。

そういう人は人生で圧倒的に損するけど、思った以上に多いんだ。

だからこそ、まずは好きなものを
好きと言うことから始めようぜ！
できる限り大袈裟にね。

神意識から投資をしてもらい「人生のハイパー・インフレ」へ！

これでわかったと思うけど、「すごい」はどん欲の入り口。
「どん欲」はどんどん良くなる「神意識」そのもの。
経済も、宇宙も、普通にしていたらインフレ、どんどん良くなる。
経済と違って、人生はハイパー・インフレでもかまわない。
だけど、中には「人生デフレ」って人もいるでしょ？
何やっても上手《うま》くいかない。収入だって減る一方。年を取れば取るほどなぜか幸せを感じられなくなっている。

特にデフレが続く時代に慣れてしまうと、そうなるかも。

ところで経済の話でいえば、デフレは、消費と所得が同時に減少することを意味するよね。将来不安で消費を控える。するとお店などの売上が減り、ついでに価格も下がる。その結果所得が減る。所得が減るとますます消費できなくなる。負の連鎖だ。

この連鎖を食い止めるために、政府は景気対策をする。

それは政府が国債の発行など、銀行・国民から借金をして、市場に還元する方法。公共投資などの手段で、消費者が使えるお金を増やす。するといままでよりたくさん消費する。すると売上と価格が上がり、所得が増える。

すると消費も増え、正のスパイラル、つまりインフレへとシフトするんだ。

一応、理論的には所得が上がると税収が増え、政府は借金が返せて万々歳となる。

もし、「私の人生デフレだ～！　どんどん悪くなっている！」と自覚があるならば、ここは「政府」に発動してもらおう。

ここでの「政府」とは「顕在意識」のこと。

意識の上位である神意識から「すごい」って言霊を投資してもらう。

どんなしょうもないことでもいい。いや、むしろしょうもないことにこそ、大袈裟に「すごい」を言いまくるんだ。

改めて「神意識」を意識して「すごい」って言霊を借りる。

すると「すごい」の過剰部分に空白ができる。その空白に「奇跡」が引き寄せられ、どんどん「いい気分」になる。

その気分がさらに奇跡を引き寄せ、そのサイクルがインフレ、つまり「どんどん良くなる」につながるわけだ。

これが景気対策だったら、税収から借金を返さないといけないけど、どんどん良くなってしまえば、自動的に「神意識」に還元できる。

勝手にどんどん良くなって、奇跡を楽しみ、ずっといい気分で過ごしていればいいだけ！

DONYOKU

デフレになる仕組みと政府による景気対策

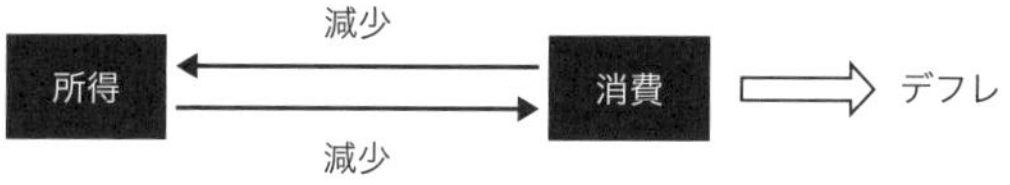

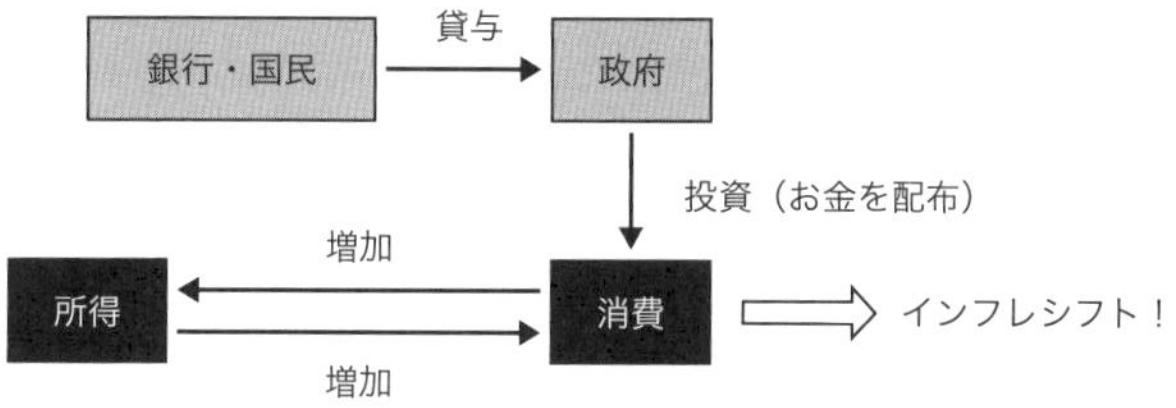

神意識から「すごい」言霊を投資してもらって「奇跡」を引き寄せ

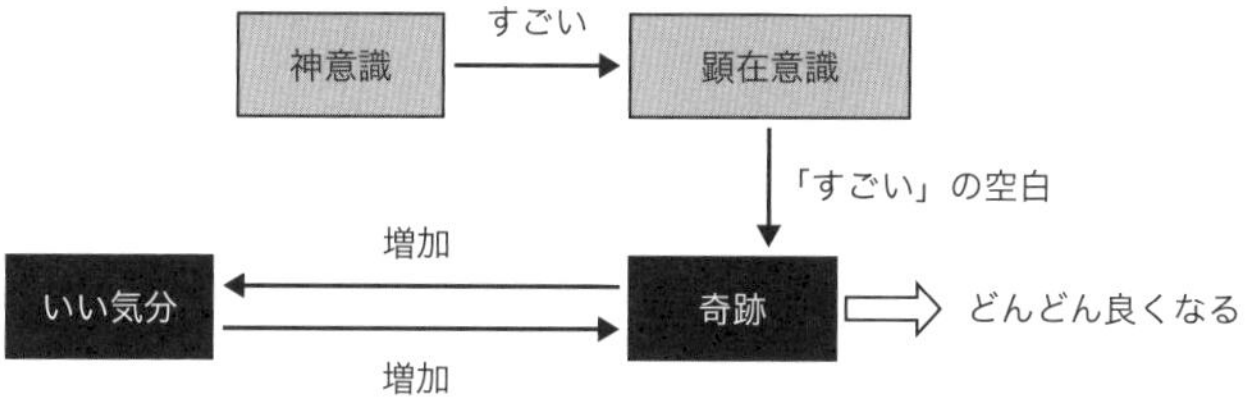

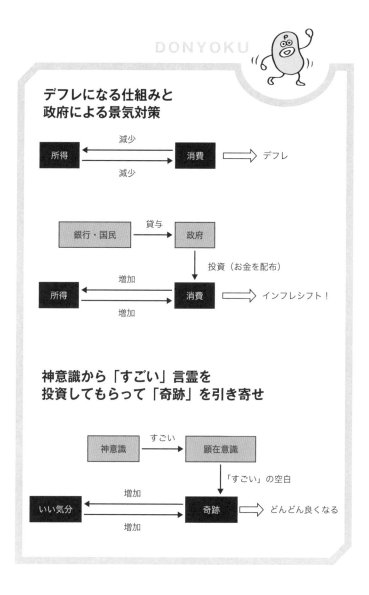

プレミアムでみっともなく生きる！

普段から「すごい」と言いまくっていれば、そのまんま「神意識」と同化できる。

そこで、それをさらに日常生活に落とし込むトレーニングに移りたい。

それは「プレミアム」に弱くなることだ。

最近、コンビニに行くとやたら目につくのがプレミアム。「キットカット」「ハイチュウ」「アルフォート」「うまい棒」「ガリガリ君」など、昔からあるお菓子やアイスにことごとくプレミアムが登場している。

普通の商品が100円としたら、プレミアムは120円から150円くらいと少しばかり値は張るけど、オレはこの「プレミアム」ってのが大好き。ここは差額が20円とか50円なら、プレミアムにしてテンションを上げるとすごくいい。

もちろん、クレジットカードや飛行機の座席のプレミアムは数万単位の差がある。

ちなみに、オレは飛行機でプラチナの会員になったけど、年会費が15万円もするので2年でやめた。

だけど、お菓子くらいのちょっとしたものなら、思いきってプレミアムにしてみると、やたらと「いい気分」になる。

そして、プレミアムを選んだら、できるだけ周りに自慢するといい。

SNSでシェアもいい。**これは非常に「みっともない行為」だ。**

だからこそ面白い。

かっこつけても得することなんかない。

正直、プライドとか、生きる上でなんの役にも立たないから。

よく「自尊心」と「プライド」をごっちゃにしてる人がいるけど、ぜんぜん違う。

「自尊心」は「ありのままの自分を認める心」で、「プライド」は「自分を良く見せようとする心(いまの自分を認めてない)」のこと。

どんなダメでも、かっこ悪くても、みっともなくても、そんな自分を認めてしまえば怖いものはない。周りからいろいろ言われても、言わせておけばいい。

世の中のいわゆる成功者って人は、成功するまでのプロセスで、たくさん失敗して、恥をかいてきている。

かっこ悪い、みっともないとバカにされることもあったろう。

でも、いつしか周りの目などどうでもよくなって、平気でどん欲に動きまくるようになる。ようは、かっこ悪いのに慣れてしまえば、それ最強ってこと。

それでバカにする人って、じつはうらやましいだけ。**なぜなら、かっこ悪いのに平気な男・女って、じつはかっこいいことを皆知ってるからね。**

だから、お菓子はプレミアム、それを自慢する。

ああ、みっともない。だが、それがいい。

損するのは「豊か」である証拠

プレミアムに慣れたら、つぎは「喜んで損する」ことが大事。

そりゃ、誰だって損はしたくないと思う。


オレは20歳のときに初めてインドに行った。

そこはもう、人々がすぐにボッてくる。

物価は安いのだけど、何を買うにしても値段交渉がついてくる。タクシーに乗る前も念入りに値段交渉して、いざ乗ったら車内でもまた値を上げようとする。絵はがきは、1枚から5円、10円の単位で上乗せしようとするから、ほんと疲れる。

なので、初めて行ったインドはめちゃくちゃ嫌いになって、もう二度と行かないと決めた。それが大学卒業後に世界一周したとき、どうしてもインドを通らなければならなくなり、西のパキスタンから陸路で入国した。ただ、2回目となると旅の要領も心得てきて、少し楽しくなっていた。

結局、インドには10回くらい行っているのだけど、最近はこうだ。

喜んで損をする。

タクシーに乗るのに、おそらく500円くらいのところ、1000円と言われたら笑顔で乗る。すると、運転手さんも機嫌がいい。

そんなお金の使い方をすると、よく言われることがある。

「ちゃんと値段交渉しないと、あとから旅する人が困るんですよ！」

現地価格が500円だったら500円かそこらで払わないと、不当に高いツーリストプライスが定着してしまい、あとから旅する人まで損するって理屈だ。オレも昔はそう思っていた。

だけど、一般的に値段交渉をするような観光地は、だいたいが日本よりずっと物価が安い。インド、パキスタン、ネパール、トルコ、中国、エジプトなど。タクシーとかちょっとしたメシくらいだったら、ボラれても10円、100円の単位。

そもそも好き好んでその国に来させていただいてるんだから、それくらい還元しても

いいじゃんって最近は思うのよ。

すると、すごく豊かな気分で旅ができる。
それは日本にいても同じ。飛行機で福岡から東京に行くのに、ANAなら2万円、LCCなら5000円。
同じ身体《からだ》の移動なら、そりゃLCCの方がお得。ANAは損だ。
だけど、そこを積極的に損すると、なんか妙に豊かな気持ちになれる。

あなたも、もしかしたらこれまで損をしてきた経験ってないだろうか？
思い出すだけで腹が立つような大損をこいたり、お金だけじゃなく、他人より余計に働いてしまったりとか、無駄な動きをして時間かかったりとか。

それ、すべて「豊か」である証拠なんだよね。

そりゃ、いいものを安く買えたら気持ちいいかもしれないけど、高く買って損したところで、少なくともいまは困ってないでしょ。

思い出したら腹立つけど、腹立てても状況は変わらない。
だったら、笑い飛ばした方がいい。大損できるくらいに自分は「豊か」だって証拠なんだから！　**むしろ、損をしてしまったらガッツポーズ！**

そう言えばオレ、自分の会社の決算で税理士さんとこ行ったのだけど、もう少し早く相談に行っていれば、退職金積立などナンボか税金が減っていたらしい。

正直、大損こいたけど、それだけ税金払えるのは豊かな証拠なのだ（笑）。

インフレ体質になったら「願望の三段活用」へ

そんな感じでプレミアムにみっともなく生きる。喜んで大損こく。

「すごい」「すごい」と言いまくっていると、過剰な生き方になってしまうのだけど、そんだけ人生インフレになっているんだから、まあ、いいってこと。

そんなインフレ体質になったところで、具体的な願望実現の話をしたい。

オレは常に「願望の三段活用」を念頭に置いている。

たとえばオレの場合、**ひとつ目に「肉体改造」、2つ目に「全米デビュー」、そして3つ目に「不老不死」みたいな感じ。**

ここでの肉体改造は、筋トレで腹筋を割るみたいなこと。全米デビューは、これは文字通り、アメリカでデビューするってこと。たとえばコンマリ（近藤麻理恵）さんとか、ピコ太郎さんみたいな。まあ、そこまではわかるだろう。

で、不老不死ってなんなんだ？

ここでの「願望の三段活用」ってのは、願いレベルのこと。

ひとつ目は短期的な「目先の目標」。収入アップ、ダイエット、試験合格、結婚、恋人といった日常的な手の届きそうな、ちょっとした努力でどうにかなりそうなこと。

2つ目は、「かなったらいいな〜」というレベルの中長期的な「大きな願い」。たとえば「全米デビュー」なんて無謀と思われるかもしれないけど、実際、実現している人もいる。

例にあげたコンマリさんなんかは、普通の女の子だったのが、「異常なまでに片付けが趣味」ってことで、自分で片付けセミナーやって、そのうち本を出したら大ベストセラーになって、気がつけば「世界のコンマリ」に。

ピコ太郎さんは「ＰＰＡＰ」をジャスティン・ビーバーに発見されたのをきっかけに世界中でバズって２０１６年は一躍時の人。

その他、スポーツ選手、ミュージシャン、研究者、経営者、数だけ見たら全米デビューなんてなんもめずらしいことじゃない。

だったら、オレだって狙っていいわけで。幸いオレにはYouTubeもあるし、韓国語や中国語に翻訳された本もある。「いけるんちゃうか？」と。

人生500年時代!?　不老不死について熱く語るよ！

そして不老不死。こればかりは不可能だと思われるかもしれない。

だけど、この地球上には理論上、不老不死の生物もいる。ベニクラゲなど5億年生きている個体もいるらしい。5億ってハンパない。生物そのものが誕生したような時期で三葉虫とか化石の世界だよ。

あと、ロブスターなんかも理論上は不老不死らしくて、内臓ごと丸っと脱皮を繰り返すので、永遠に大きくなりながら若さを保っていられるとか。ただ、そもそもデカくなると脱皮自体が難しく、脱皮後も天敵に狙われやすいそうだ。

ベニクラゲやロブスターは不老不死レベルに長生きしたとしても、**人間はどうなのか。じつはこれも理論上は不可能ではないそうだ。**

どんな生物も「生きる」とは「細胞分裂を繰り返すこと」だ。でも、細胞分裂をすると染色体の両端にある「テロメア」というのが短くなっていき、ある程度まで短くなれば細胞分裂は終わり、個体も死を迎える。

ということはテロメアが短くならなければ、永遠に細胞分裂を繰り返し不老不死が実現する。実際、ロブスターもその理論だ。さらに、テロメアを短くしない技術もあるにはあるけど、がん化しやすくなりそれで寿命が来てしまうらしい。

ただ、不老不死も科学の進展によって不可能ではなく、事実、Googleは不老不死の技術に多大なる投資をしている。

現実レベルとして、「人生500年」をデザインしているそうだ。

500年前というと、日本では戦国時代。

世界ではコロンブスがアメリカ大陸を発見したあたり。

しかし、そうなると地球は人間であふれかえってしまう。

だったら、月とか火星に住めばいいし、じつは海とか空とか、住む場所はまだまだたくさんある。ゆるやかに人口が減少して、人生500年でもオーバーフローしないようになるかもしれない。


オレが生まれてもうすぐ50年だけど、それだけでも世界はものすごい進化したのに、この10倍生きるとどんな世の中が待っているのだろうか。

ワクワクするよね。

まあ、500年までとは言わずとも200年くらいは生きてみたい。

もちろんヨボヨボで200年はつらいけど、いまのまま元気はつらつで生きていると絶対面白いし、きっとそうなる。

出産だって100歳まで可能とか、いや、そもそも出産とか子育てとかオワコン化して、人類の多くがいまはまだ考えられないような喜びに生きているかもしれない。

人類は「こいつ、バカだ」を実現しつづけてきた

科学の進展によって、人は不老不死に近づくかもしれない。

女性は特に年齢を重ねるほどに元気に美しくなるかもしれない。

もちろん男性だって負けずに人生を楽しみたい。

そんな不老不死の前では、「収入アップ」という願望などどう見えるだろう。

ようは、「願望の三段活用」のひとつ目の「目先の目標」に類するものは、不老不死を真面目に目指しているような人たちから見ると、めちゃくちゃぬるいよね。2つ

目の中長期的な「大きな願い」だって小さく見える。

じつは「願望の三段活用」においてもっとも大切なのは、3つ目の無謀な「奇跡の夢」なんだ。

たしかに、不老不死なんてめちゃくちゃかもしれない。

だけど、人類はこんな「めちゃくちゃ」を実現しつづけてきた。

人類の歴史は「思ったこと」をほとんど実現してきた。

焚《た》き火しかない時代から見たら、ロケットを飛ばすエネルギーなんて宇宙レベルだけど、人類は「量の問題」はクリアしつづけてきた。

携帯電話の歴史を見ても、音声通話のみの1G、テキストが送れる2G、画像のやり取りができる3G、動画を可能とした4G、そしてさらなる超高速ゾーンである5G、6Gへと拡大、進化しつづけている。

規模は『ドラえもん』の「ビッグライト」を当てたように拡大しており、大きなものを小さくコンパクトにするのは「スモールライト」さながらだ。

つまり、思ったことはどんなことでも実現可能。

だったら、もっともっとどん欲に、めちゃくちゃを願っていいじゃないか！

不老不死、タイムマシン、ワープ、宇宙旅行、地底探索……どんなことだってできるんだ。

「こいつ、バカだ」。そう思ってもらえたらこっちのもん。


夢を見る人間はいつだってバカなんだ。

そして夢を見る人間ほど人生を楽しんでいるんだ。
正直、そんなバカみたいな夢をもっているって素敵やん。
自分の代でかなわなくても、子どもの孫の代には実現している。
「あり得ない」って言ったら、そこで試合終了だよ。

無謀レベルの夢から描く「トップダウン式の実現法」

そんなわけで、いまからあなたも「願望の三段活用」を書いてみよう。

ポイントは、無謀レベルの夢からトップダウン式で書くこと。

そして見ての通り、「奇跡の夢」はひとつ、「大きな願い」は2つ、「目先の目標」は3つ書くと良い。

ちなみにいまのオレならば、1．奇跡の夢は「不老不死」、2．大きな願いは「全米デビュー」「宇宙旅行」、3．目先の目標は「肉体改造（適正体重、腹筋を6パックに）」「年収1億円」「自転車で世界一周」って感じかな。

正直、「不老不死」が実現できるなら、全米デビューも宇宙旅行も、ましてやダイエットとか収入とか楽勝なわけ。すごいね、すごい夢に向かっていこう。

すごい目標、めちゃくちゃすごい願望、あり得ないくらいすごい夢をもっている、それだけで人生は完全に勝ち組だからね。

1. 奇跡の夢（無謀レベル）
◎

2. 大きな願い（中長期的）
◎
◎

3. 目先の目標（短期的）
◎
◎
◎

ただ、多くの人にとって短期的な「目先の目標」を達成したいって気持ちもよくわかる。不老不死とか宇宙旅行とか言われても実感ないし、それよりも目の前の現実の方が重要だ。それはそうだろう。

だけど、あり得ない「夢」に臨場感をもってワクワクすることができれば、「目先の目標」も勝手にかなってしまうものだ。

それがトップダウン式の実現法。

たとえば不老不死みたいな「奇跡の夢」は自分の努力ではどうしようもない。

ではどうすれば実現に近づけるのか。

それはまずは「調べる」こと。

不老不死に関する本を読んだり、ネットで徹底的に調べたりする。不老不死に対してある程度の知識があれば、それだけ臨場感も高まる。

そしてそのことを語る。さらに妄想する。

最後はヘラヘラするんだ。

DONYOKU

トップダウン式の実現法

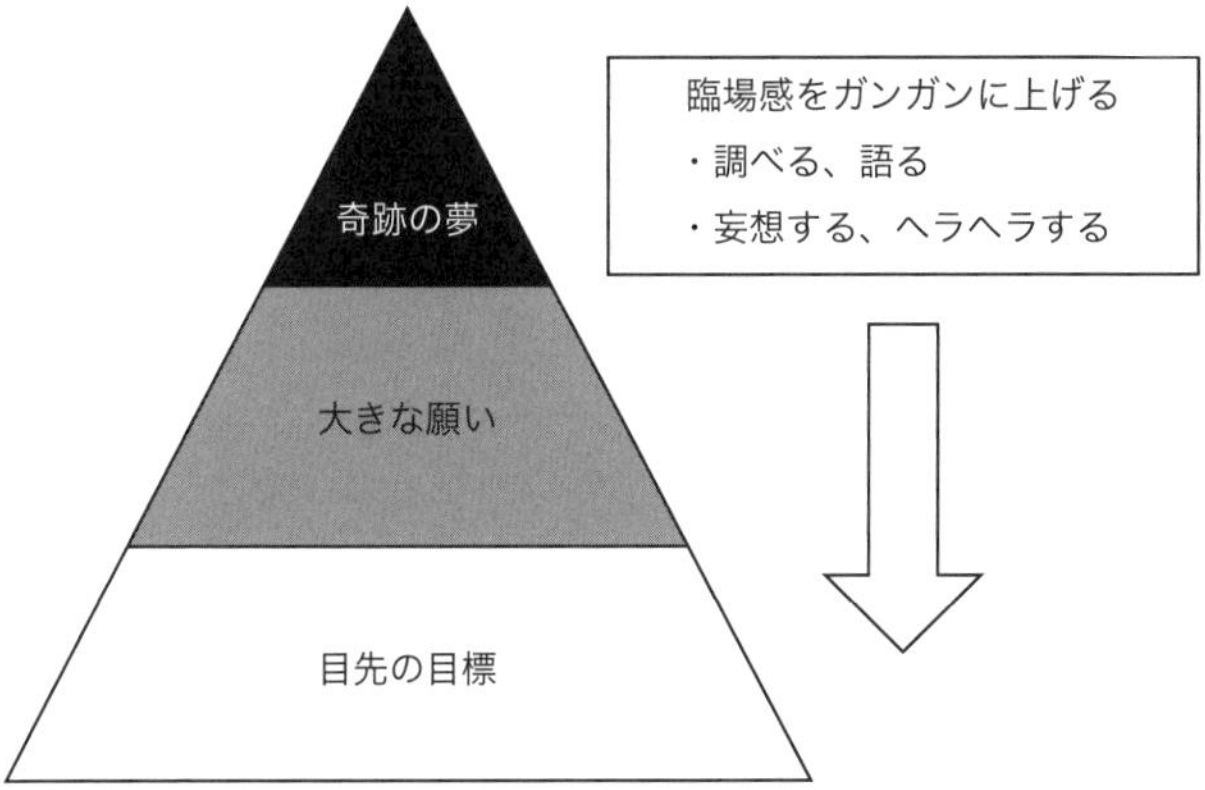

なぜ、ヘラヘラすると夢がかなうのか？

夢なんてのは、かなったらめちゃくちゃすごいけど、かなわなくても特に困ることもない。だから、バカみたいにヘラヘラしてしまえば、それでいい。

なんか知らんけどワクワクして、それでいて力が思いっきり抜けてヘラヘラする。

願いをかなえる最大のコツはリラックスすること。なんのプレッシャーも感じないで、バカな夢を語るだけでいいんだ。

それができたら、その下にある願望や目

標も勝手にかなうから。

これは「目先の目標」「大きな願い」でもいえることだ。

たとえばダイエットの基本は食べないこと。もちろん断食なんて無理する必要はなく、普段から「摂取カロリー＜消費カロリー」を心がければ簡単なのに、どうしても食べてしまう。

だけど、本来であれば太るほどに食べるのは無駄なはず。

それでも食べる理由にあるのがストレス解消。

このストレスをリラックスに変えるのが「ヘラヘラ」だ！

「ヘラヘラ」はいますぐできる。身体の力を抜いて、両腕、両肩、首などタコのように回して、1分間ほど舞いつづける（168・169ページのイラストを参考にしてほしい）。

それだけで思ったより汗をかくし、気がつけばストレスが吹っ飛んでいる。

願望実現を阻むのは「ストレス」

オレは浪人時代、ある予備校に通っていた。その中に石丸氏という名の名物英語講師がいた。その人は、ほとんど英語の授業らしい授業はしていなかった。

「お前ら、6年以上も英語の勉強してきて、なんでしゃべられへんねん！　オレなんか『原形不定詞』も知らんで講師やってんねんぞ！」

石丸氏は、日本人の英語が下手な理由はストレスにあるという。6年間、受験のための英語教育の中で、「きちんと文法通り、発音もネイティブに近く」と教えられてきた。なので、実際、会話をするときも正しい文法、正確な発音を意識するあまり、萎縮してしまう。

石丸氏はとにかくストレスを取れと言った。

いまでは有名になった、キネシオロジーと呼ばれる施術法で英語のストレスを取るアドバイスを講義中によくやっていた。

思えば授業の大半はキネシオロジーの話に費やされていた。

その中で、「う～」と言いながら奇妙な動きをさせられることがあった。教室は爆笑に包まれるのだが、いま思うとまさに真理。

じつはオレも英会話はけっして得意じゃないけど、お酒を飲んでいると驚くほどにしゃべれるし通じる。**酔っぱらってヘラヘラした状態だからこそ、外聞も恥もなく、勢いでしゃべれるんだ。**

ヘラヘラはあらゆる願望実現のエッセンスに通じるところがある。

英語も、ダイエットも、人間関係も、恋愛も、すべてストレスが妨げになっている。

ストレスが身体を萎縮させ、行動を抑制する。「〜だったらどうしよう」とネガティブな思いに支配され、前に進めなくなる。

結局、願望実現なんて「やることやる」だけで、たいてい上手くいく。

ダイエットは暴飲暴食しない。収入アップは働く。恋愛は人に会う。

基本的なことをちゃんとやれば、ほとんどは実現してしまうのだけど、**そうさせない理由が身体の萎縮であり、その根底にあるストレス。**

これを「う〜」と言いながらでも、ヘラヘラすることで取り除けばいい。1分間でかなりのストレスが取れ、前に進む原動力をもらえるだろう。

「ヘラヘラ」で望むパラレルワールドにワープしよう！

まとめるとこう。

願う→ストレス→ヘラヘラ→実現

ああ、なんてシンプルなんだろう！

「ヘラヘラ」はワープに通じる。いわゆる「5次元理論」によると、オレたちの3次元は5次元の中に無数にあるらしい。

この一つひとつの3次元は同時に存在している。

つまり、「月収20万円の自分」と「月収100万円」の自分が同時に存在していて、それをパラレルワールドと呼んでいる。『ドラえもん』の道具である「おこのみボックス」が後のスマホとして実現するように、いずれ「タイムマシン」や「どこでもドア」も実現すると思う。**時空を捻《ね》じ曲げればいいのだから。**

時空を捻じ曲げるには、全宇宙レベルのエネルギーが必要だそうだが、量の問題はいつかクリアするもんだ。だけど、仮に時空を捻じ曲げることができたとしても、

「因果律の問題」が残る。

つまり、タイムマシンで「関ケ原の戦い」に行って、現代兵器で徳川陣営に打ち勝ったら江戸幕府は存在しなくなる。すると歴史の教科書と矛盾する。ゆえにタイムマシンは不可能だって話。

だけど、これは単純にパラレルワールド論で論破できる。

つまり、江戸時代が「ある世界」と「ない世界」が同時に存在して、単純に「ある」から「ない」にワープするだけ。

ようするに3次元は自由に行ったり来たりできる、つまり「なんでもあり」なんだ!

物理学的にワープするためには、全・宇宙レベルのエネルギーが必要。一方、オレたちが「いまの自分」から「望みの自分」へとワープするには、自分って宇宙（全・自分）の最大のエネルギーを発揮すればいい。

それが「ヘラヘラ」なんだ。

力を抜けばエネルギーは最大化される。

DONYOKU

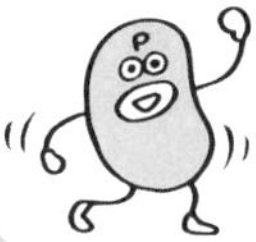

5次元に無数に存在するオレたちの3次元世界

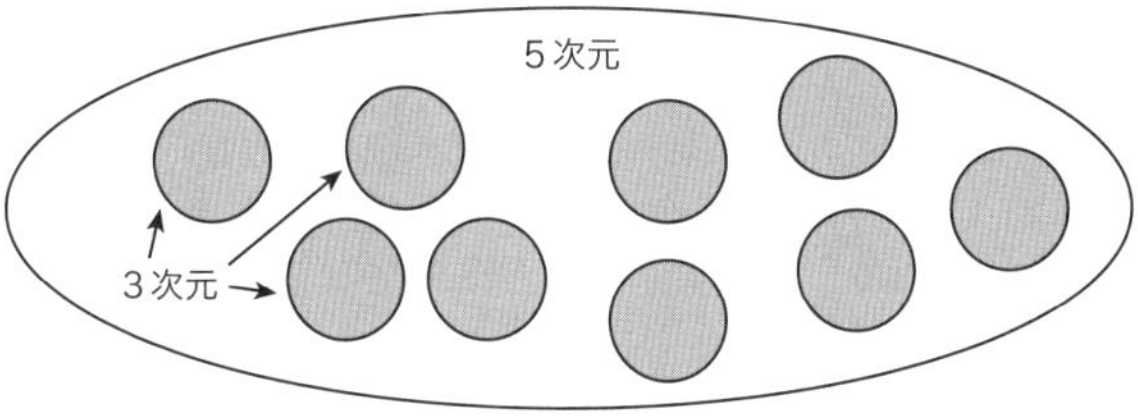

時空を捻じ曲げればワープできる

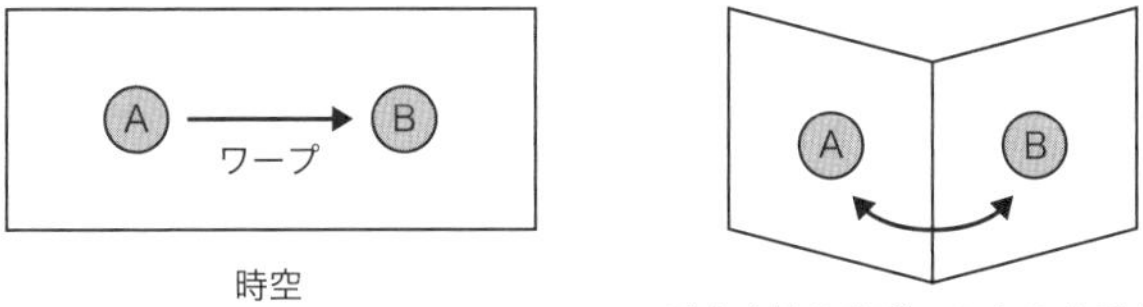

時空

時空を捻じ曲げてAとBを重ねる

以前、「クイズ！　紳助くん」っていうテレビ番組を見ていたら、物理学者の保江邦夫氏が出てきた。保江氏の指導の下、芸人をプロの空手家と戦わせるという企画で、**その神髄は「アホになる」だった。**

極限まで力を抜き、思考さえも手放し、アホになる。**つまり、「ヘラヘラ」そのものの状態で、芸人は空手家相手にいい勝負をしていた。**

「ヘラヘラ」こそがポテンシャルを最大化するんだ。だから、いますぐヘラヘラしよう。身体の力を極限まで抜いて、軟体動物のようにクネクネしてみてもいい。傍目《はため》には完全なるアホ！

だけど、アホは最強。プライドとかクソ。

ありのままの自分、アホ、foolishになって、立ち上がろう。

眉間のしわを取って、ニタニタ、つるんつるんで最大パワー！

願望なんてどうせかなう。もはや苦労や努力はオワコン。

楽しいことだけやって生きていればいい。

学校が嫌なら行かなくていい。仕事が嫌なら辞めればいい。日本には生活保護もあ

DONYOKU

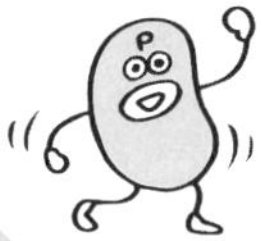

望みの自分にワープするには「ヘラヘラ」でエネルギーを最大化！

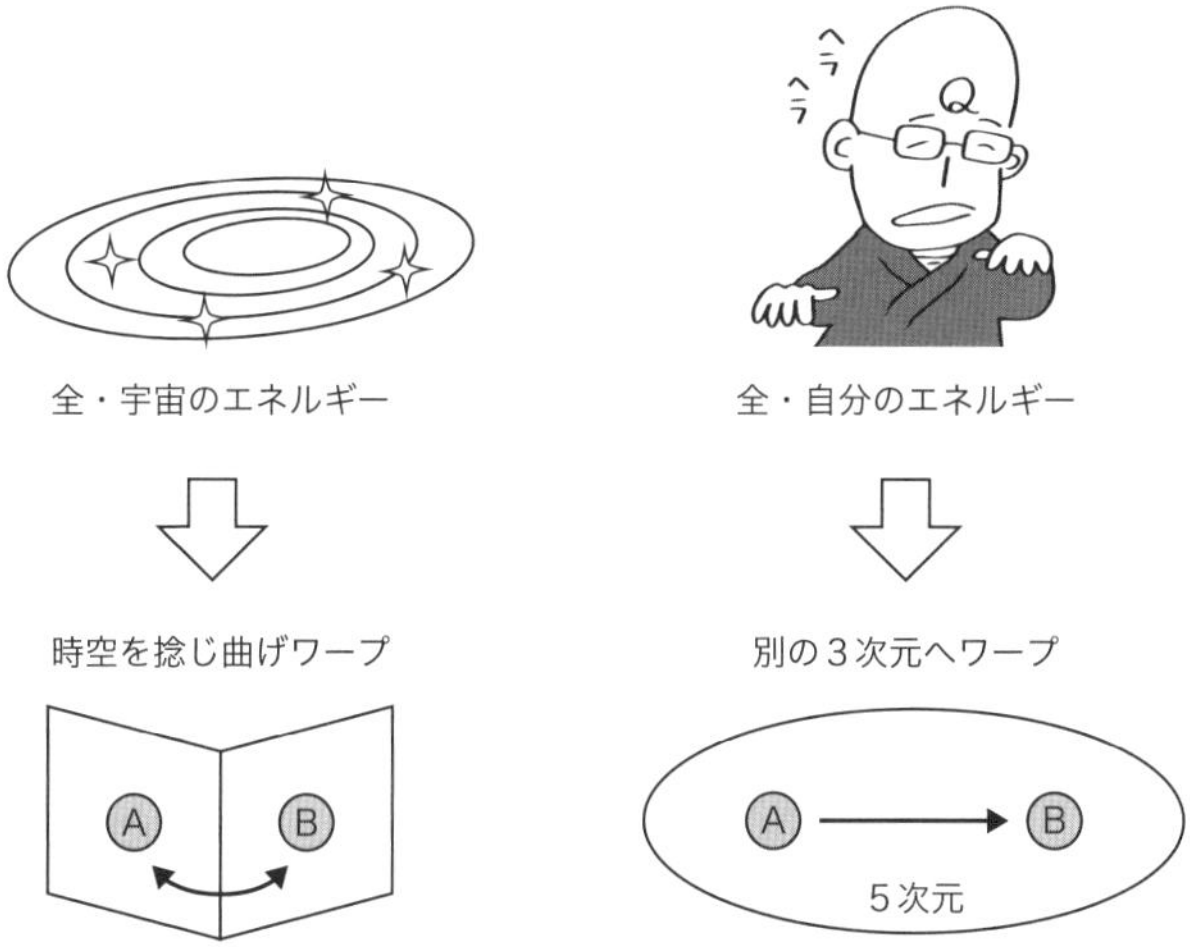

る。そのうちベーシックインカムだって導入されるだろう。

オレの小5の息子だって、パソコンのゲームをするために、英語を読もうと前のめり。好きなことなら、勉強だって仕事だって勝手にやるもんなんだ。

あと、がまんもクソ。相手に嫌気がさしたら別れたっていい。39億の中にはもっと合う人もいるはずだ。

もちろん成長のためにはストレスも大切だけど、逆にいま、ストレス状態だったら成長の前触れ。どうせ上手くいくに決まってる。


ストレスも最高だし、もちろんリラックスも神。

ヘラヘラと力を抜いてリラックス。「すごい」を連発しながら、ワープを繰り返すことで願いはかなない、成長する。じつに簡単。

これからの世の中、本当に想像できないことが起こるし、信じられないモノや技術が登場する。

そんな現象もヘラヘラと楽しみにしていればいい。

どうせ良くなるし、どんどん良くなるに決まってるんだから！

第5章

「思ったこと」が実現しないのは、もはや異常。
願いを阻む「7つの亡霊」を退治せよ！

Chapter 5

ONYOKU

本来のオレたちの力を阻む、思い込みの亡霊を退治しよう！
簡単な7つのアクションを紹介するよ！

「疑い」から人生はスタートする！

第４章でお話ししたように、そんなわけで、ヘラヘラね。
でももし、もう一歩、何か余計な力が入っている気がするなら、**この章で最後の「力み（リキミ）」を取り除きたい！**

まずは大前提。**思ったことは現実になる。**

それがノーマルな姿なはずが、実際はそうじゃない。

普通に考えてみて。「アイスが食べたい」と思って、コンビニで納豆を買ってしまうことってないでしょ？

「アイス食いたいのに、どうしても納豆を買ってしまうのです……（涙）」

……なんてならないよね。

そもそも「思ったこと」が実現しないのは、異常だと思うのよ。

まずこれが「不思議」と思うことから始めたいわけ。

収入アップしたいのに、上がらない。結婚したいのに、できない。ダイエットしたいのに、いつも失敗する。

不老不死とか宇宙旅行なんかじゃなく、日常のありふれた願いなのに、それがかなわない。おかしいわけだよ！

つまり、スムーズに願いがかなうのを邪魔している存在がある。

その正体は、そう、潜在意識だったね。

潜在意識は「安心・安全」を守りたいがために、変化を嫌い、現状をキープしてしまう。潜在意識は全力で自分を守ろうとする。その「力み」が変化を抑制し、「思ったこと」を実現から遠ざける。

だから、願望実現の要は潜在意識のブレーキを取り除くこと。

だけど、その前に全力で叫びたい。

あのさあ、思ったことが実現しないなんて、おかしくないか！！！！！

この「疑い」をもたない人が多い。もしあなたがそうだったならば、大いにおめでとうだ！

なぜなら「疑い」をもつことで、これからガンガンかないまくりが始まるわけだから！

願いをかなえる脳のメカニズム

願いをかなえるメカニズムには４段階ある。

それは「脳」を前後左右に４分割することで説明できるんだ。

①後（無意識）×左（言葉）＝無意識的な制限となる思い込み
②前（意識）×左（言葉）＝思い込みを言葉にする→疑い
③前（意識）×右（感覚）＝インスピレーションによる答え
④後（無意識）×右（感覚）＝実現

たとえば「月収100万円」なる願いがあるとする。

実現できない人は、**無意識に「無理だ！」という思い込み（①）がある。**だけど、それは単なる「思い込み」であって事実じゃない。

そこで「本当か？」と適切に疑う必要がある（②）。ここがとても大切。

「月収100万円が無理だなんて本当か？」

実際はそんなことない。世の中、「月収100万円」ごとき、いくらでもいるのだから。オレだってサラリーマン時代は無理だと思っていたし、いざ、会社を辞めたところで「月収100万円」などイメージすらできなかった。

DONYOKU

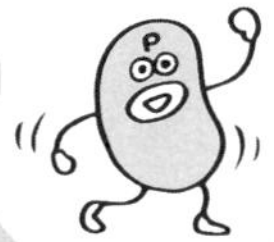

脳を4分割するとこうなる

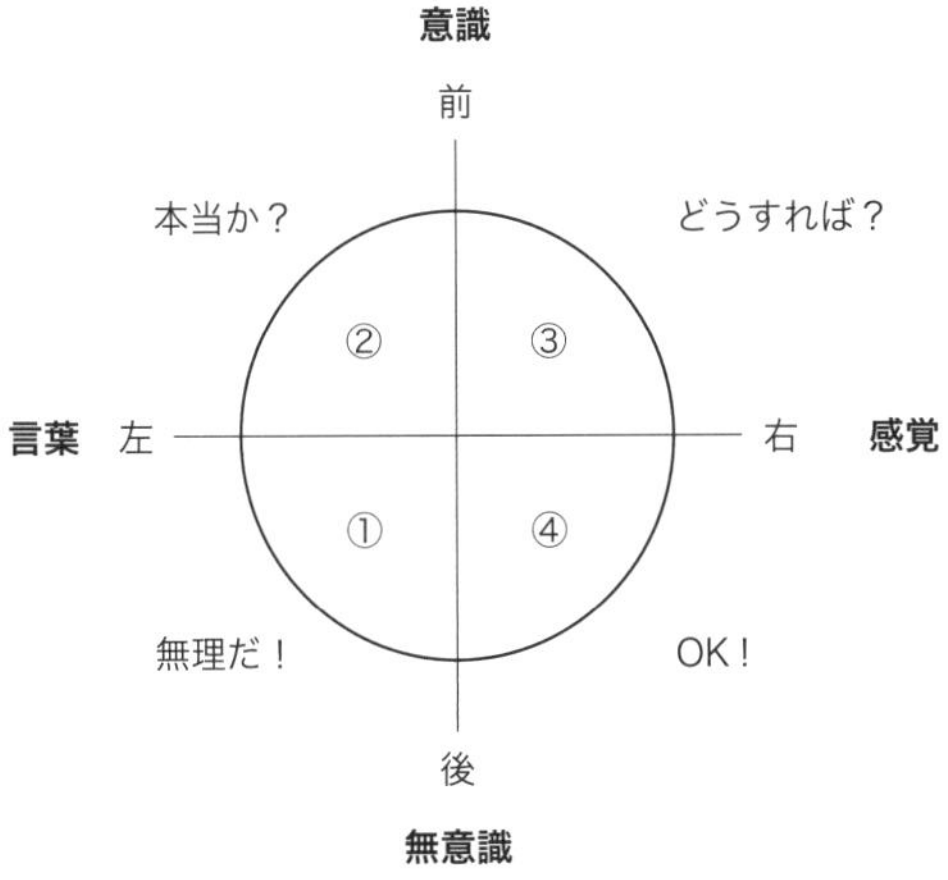

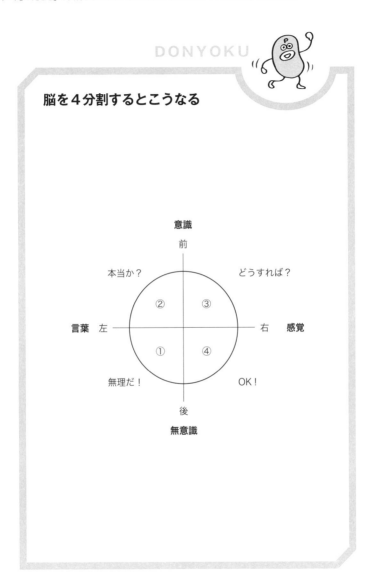

そんなとき、とある先輩起業家の方から「月収１００万円以上ないならサラリーマンでいた方がいいよ」と言われ、頭にガツンときた。

そうか、起業家と呼ばれる人は、月収１００万円など当たり前なんだ。**だったら、オレだって不可能じゃない。何かがはじけた瞬間だった。**

ただ、その手段がわからない。当時は「人前で話をすること」が仕事になるなんて想像もできなかった。だけど何か方法はあるはずだ。

そこで「どうすれば？」と自分に質問する（③）。

するど不思議なことに、オレだったら、セミナーとか、コーチングとか、本の出版とか、いまだったらYouTubeとか、勝手に答えがやってくるんだ。

そして最終的に「月収１００万円」が現実となり、**「OK！」と着地する**（④）。

あなたの身体の7か所にたたずむ「思い込みの亡霊」

このプロセスでもっとも大切なのは②の「疑う」だ。

これがしっかりできれば、じつはその後はオートマチック。

勝手に「どうすれば？」って考えてしまうし、その答えも自動的に降ってくる。あとは、やるだけ。


ただ、疑うにしても、その正体がわからない限り難しい人には難しい。

その正体こそが、①の「無理だ！」の思い込みなんだ。

じつはこれ、「亡霊」みたいなもの。**亡霊と言っても、もちろんそれは「自分を変化させない、守りたい」って力があるもので、けっして悪気があるわけじゃない。**

その「無理だ！」という「思い込みの亡霊」はどこにいるか？

それは、オレたちの身体《からだ》。

そこにたたずみ、願いをかなえるのを妨げているんだ。


身体には、「７つのチャクラ」と呼ばれるものがある。エネルギーの集結部だ。

それぞれが活性化していると、本来の力が発揮され、願いがかないやすくなる。

チャクラのある位置と機能、役割

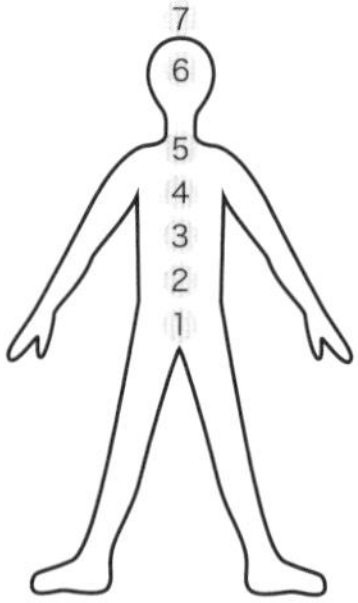

番号	位置	機能	役割
1	局部	生命力・どん欲	生命、性、物欲の源泉であり、どん欲を支える
2	丹田	自立・創造力	依存から脱却し、真なる自立、創造力を育てる
3	鳩尾《みぞおち》	自信・筋力	大切なものを守り、自分を信じる力を鍛える
4	心臓	慈愛・情緒	善悪で判断せず、すべてに愛を注ぐ心を認める
5	喉	言葉・表現力	幅広い意味でのコミュニケーション力を高める
6	額	直感・精神性	言葉や理性を超越した正しい直感力を磨く
7	頭頂	悟り・宇宙	神意識へのつながりを促進する

だけど、それを妨げる存在がある。それが「思い込みの亡霊」なんだ。

つまり、その亡霊を退治することができれば、ガンガンに願いがかなってしまう。

まずは亡霊を見つけ、そこに「疑い」を向けると、まるで「バレたか～」と観念したかのように出ていくってわけだ（ちなみに、このあたりの話は拙著『僕らの魂が地球に放り込まれた理由』／KADOKAWAがくわしい）。

それでは、番号1から順番に見ていきたいのだけど、狙いはシンプル。

亡霊の正体を明らかにする。

そして、その亡霊を退治するためのアクションをひとつだけ提案する。

これから紹介する「7つのアクション」を実行するだけで、人生は大きく飛躍するから、ぜひやってほしい。

その「7つのアクション」はじつは驚くほど簡単。しかもたったひとつだ。

あれこれしなくていい。人生はそんな難しく考える必要はなくて、シンプルな「ひとつだけ」で劇的に変わることだってあるんだ。最後の力みを取り除く。

楽にいこう！

「思い込みの亡霊」を退治するアクション1
まさかの「○欲」！

「僕は願いがないんです」

こんなふうに、ときどき、「欲望をもたないことがスピリチュアル」とか「波動が高い」とか言う人がいるけど、そんなのはこの人生を終える瞬間でいい。文字通り「生命力」がゼロになったとき、「どん欲」を捨てればいいんだ。

だから、それまではガンガンに欲を出していいし、その方が自然だよね。

「フェラーリがほしい」「グッチのバッグを買う」って願いが原動力となって、仕事もがんばれるし、そのことで生活の質も高まる。フェラーリをもっているだけで、出会う人の種類も変わってきて、圧倒的に面白くなる。「飲んだことない高級ワインを飲む」って目標をもつだけで、世界がグーンと広がるわけ。

率直に言うけど、生きているからには欲をもとう。**物欲、金銭欲、性欲、いくつになっても否定する必要はない。**

だから、アクション１は「欲をもとう！」。

……と言いたいのだけど、じつはそんなに簡単じゃないよね？

フェラーリとか、グッチとか、ロマネコンティとか、具体的な欲がある人なんかむしろまれ。逆に日々の不満はたくさんあるのだけど、プラスの前向きな欲についてはそうでもない。

だから、最初の「亡霊」は「欲張ってはいけない」って思い込みのこと。

欲に対する世間の視線はけっして優しくない。

ちょっとお金をもっている人は銭ゲバだの守銭奴だのと批判される。車や貴金属などを求めると、物欲にまみれているとバカにされる。

でも、欲は人間が生きるための源泉であって、食欲がなければ生きていけない、性欲がなければ種は滅びる。人類全体が「このままでいい」と満足していると、社会の発展はストップしてしまう。

では、どうすれば健全に欲を高めることができるのか？

ここでアクション！　それは逆に「禁欲」してみることなんだ。

オレは２００４年に滝行に出会い、その翌年の2月、「21日行」ってのに挑戦した。滝行の作法を一通り覚え、霊能者でもある導師から「不動明王がお越しになった」と認められることで、単独での「行」が許される。

21日間、毎朝、滝に打たれる。その間、肉、酒、性を禁止される。

肉といっても魚はＯＫだったりＮＧだったり、バリエーションはいろいろあるのだけど、**この「肉、酒、性」の禁止は共通している。**

当時は32歳で、肉と酒の禁止についてはさほど苦でもなかった。毎朝の滝行もなんとかなる。けど、「性」については、もちろん「セルフ」もＮＧなので、まあ、一週間とがまんならないのが若い男子の健全な姿であろう。

下世話な話だけど、オレは思春期以来、そこまで禁欲したことはなかった。21日間は気の遠くなるような日数で、正直、終盤は煩悩にまみれまくった。

そして晴れて21日行が満行した。すべてに「感謝」しかなかった。

食欲も、性欲も、もちろん失うこともなく、これまで「欲を無駄に浪費していた」ことを自覚し、丁寧に「欲」に向き合うことを覚えてしまった！

世間で「欲」が嫌われるのは、それが独善的だったり、他人に迷惑をかけたりと、ちょっと下品な印象を与えるからだろう。

だけど、**一人ひとりが「欲」を愛《いつく》しみ、感謝し、大切に扱うようになれば、けっして批判されることもないだろう。**

ぜひ実践してほしい。オレは「21日間の性の禁止」をすることで、ある種の覚醒があったけど、「3日間のプチ断食」でもいいと思う。1日でもいい。オレも断食は割とよくやっている。

禁欲によって、逆に欲の素晴らしさを再確認できる。

そして健全に欲を楽しむことができるんだ。

◉亡霊の正体：欲張ってはいけない
◉アクションプラン：禁欲（21日間の性の禁止、プチ断食など）
◉するとこうなる：「欲」の素晴らしさ、愛《いと》しさを再認識でき、感謝を忘れず、健全により良い人生を望むことができる

「思い込みの亡霊」を退治するアクション2
「おなかポンポン」!?

恥ずかしい話なんだけど、オレはときどき夜中に「お菓子」が無性に食べたくなるときがあった。夜中に食べると良くないことは知っているのだけど、食べないと眠れ

なくて、つい。

その習慣を断ち切る方法として効果的だったのが、アクション１で提案した断食。ようするに「食べない」と決めることが大切なんだ。

もうひとつ効果的なのが、鏡に向かって「お前はお菓子を食べない」と暗示をかけて眠ること。この「鏡を使った暗示」は中村天風によって知られるところで、元は「お前は信念が強い」だった。つまりは決断の力。

いずれにしても、「決める」ことが重要なんだけど、世の中、決められない人はかなり多いみたいだ。

お菓子を食べない、禁煙、禁酒するなども「決める」ことの強さで克服できるのだけど、中には人生そのものを自分で決められない人だっている。

そう、２番目の「亡霊」は、「自分で決めてはいけない」という思い込み。

オレが夜中にお菓子を食べてしまうのは、知らずに溜《た》まっていたストレスを解消するため。チョコレートを一口かじるだけで、脳に甘さが広がりリラックスできる。どうやら依存していたようだ。

キッチンドランカーって言葉があるけど、だいたいにおいて女性、特に結婚した主婦が陥りやすい。それもやっぱりストレスだったり、寂しさだったりが、お酒を飲むことで解放されるんだ。依存して感覚を麻痺《まひ》させる。

ストレスは苦しいけど、自分にとって必要な反応かもしれない。ストレスも時には創造的なエネルギーに転化されることがある。

でも、依存によって逃避すべきじゃない。

ここで大切なのは「依存」からの脱却、つまり「自立」なんだ。

インナーチャイルドって言葉を聞いたことがあると思う。自分の中の子どもの部分。身体は大人だけど、小さい頃に傷ついたまんまの自分のこと。

たとえば小さい頃、がんばったのに両親からほめてもらえなかった、認めてもらえなかった。**そのときの満たされない思いは潜在意識に蓄積され、ときどき、大人になってからも「悲しさ」や「寂しさ」として顔を出すことがある。**

そもそも子どもは大人に依存しなければ生きていけない。それは自然なことだ。

だけど、子どももいずれは大人になる。自立する。そのためには「自分で自分を認めること」が大切。

子どもは親から認められて一人前になる。太平洋の南の島では、勇敢にも木から飛び降りることで大人の仲間入りをする。バンジージャンプの起源となった通過儀礼だ。

しかし、通過儀礼をもたない子どもたちは、認められることなく大人になるかもしれない。内なる子ども、インナーチャイルドは満たされぬままに身体だけ成長し、「おなか」の部分に悲しさ、寂しさを抱えたまま生きつづける。

その感情を麻痺させる手段が中毒であり、依存。

では、どうすれば依存から脱却できるのか？

ここでアクション！「よくやった」と言いながら、「おなかをポンポンとなでてあげる」だけでいい。

親によって、社会によって十分に満たされることがなかったとしても、こうやって大人になってきたんだ。

だから、何に依存することもなく、すべて自分で決めていい。
お菓子やお酒で感覚を麻痺させる必要もない。
願いをかなえたかったら、かなえると決める。それでいい。
自分の人生は自分で決める。すべては自分次第。
あなたにはどんな願いでもかなえる力がすでに備わっている！

◉亡霊の正体：自分で決めてはいけない
◉アクションプラン：「よくやった」と言いながら、「おなか」をポンポンとなでる
◉するとこうなる：インナーチャイルドが癒やされ、何かに依存することなく、自分の人生を自分で決めることができる

「思い込みの亡霊」を退治するアクション3
スピリチュアルと真逆な「○トレ！」

「いい人だから一度会ってみたら？」

オレがその昔に付き合っていた女性が、親からお見合いを勧められたとき、こう言われたそうだ。そのときはまったくピンとこなくて、すぐに断ったんだと。

そのとき、彼女はこう言っていた。

「世の中のほとんどがいい人だよ」

まさに。悪い人なんてめったにいるもんじゃない。100人中ひとりくらいは、いわゆるサイコパス性向があって、嘘《うそ》をついたり、人を傷つけたりして平気な人がいるそうだけど、97％は誰であっても「痛み」は苦手で、安心・安全に過ごしたいもの。

つまり「いい人」それ自体は当たり前の話であって、積極的に評価される要素でもない。

単なるいい人は、いい人止まり。強さが必要。じゃあ、「強さ」って何か？

それは自分にとって大切なものを守るためのパワーのことだ。

この間SNSでシェアされていたのを見たのだけど、大雨が降って水没した巣から、親ネズミが水没した子ネズミたちを潜って救い出す動画があった。すげえ感動した。優しさだけじゃ、子どもは救えない。**むしろ、本当の優しさとは、強さがセットなんだ。**

お母さんネコだって、子ネコたちを守るのに、毛を逆立てて威嚇するでしょ。優しいだけのいい人がモテない理由もこれ。昔から不良やヤンキーがモテるのも、いざとなったら、**守ってくれそうだからだよ。本能なんだ。**

そんないわゆる「いい人」はどうやって生産されるのか。

それもまた両親との関係性に求められる。子どもから見ると、親は絶対的な存在。親に逆らうことは、命を犠牲にすることですらある。

たとえば「お前はダメなやつだ！」と大声で言われたとしよう。

めちゃくちゃ怖い。それ以前に「ダメ」ってひどい言葉だ。

本当だったら「私はダメじゃない！」と逆らいたいところだけど、本当に逆らったらもっと怖い思いをするかもしれない。だったら、黙っている方がいい。

「ダメ」を受け入れ、逆らいたい気持ちを封じ込めている方が、子どもの生存戦略的に得策なのだ。

そう、３番目の「亡霊」は、「いい人でいなければいけない」という思い込み。

その「逆らいたい気持ち」のことを「怒り」と呼ぶ。

怒りは、ある種のスピリチュアルではネガティブな感情として避けられがち。

だけど、とんでもない！　親ネコが子ネコたちを守るのに、相手を威嚇する必要がある。そのときに出てくる感情が、怒り。

怒りは、大切なものを守るために必要な感情。

オレは先日、渋谷でイヴ・サンローランの財布を買ったのだけど、もし仮にここにジャイアンが来たらどうだろう？

「いい財布じゃねえか！　貸してくれよ！　お前のものはオレのもの、オレのものものオレのもの！」

気の弱い「いい人」だったら、「いつか返してよ」と言って差し出すかもしれない。けど、オレは違う。相手から目をそらさず、静かな口調でこう言う。

誰にもの言ってんだ？

するとたいていは「お、おう……」と言って引き下がるだろう。
だけど、そんなふうに言える自信がない人もいるかもしれない。
ここでアクション！　筋トレだ。

ツイッタラーでベストセラー作家でもあるTestosterone氏は言う。

「筋トレが最強のソリューションである」

これはけっしてハッタリではない。普通に生きていて、まともに殴り合うことはない。その前に常識や法律で解決するから。

でも、いざとなったら最後は筋力がものをいう。

極限で生きてくための力はまさに筋力であり、物理的な力。「いざ」が来たとき、どうあっても勝てる、生き延びる「自信」の源にあるのが筋力なんだ。

別に格闘技をしろっていうわけじゃない。

直ちにケンカに強くなれって意味じゃない。

たとえば腕立て伏せをやっていると、誰だってどこかでバタンとギブアップする。オレはがんばって30回だったけど、やっていると、そのうちきちんと筋力がついて40回、50回、１００回とできるようになる。これは生きる「自信」につながる。

筋トレのいいところは、自分だけとの勝負であること。他人は関係ないし、やれば必ず結果が見える。

筋トレひとつで、いざとなったら限界を超える、自己を超越できるんだ。

腕立てがきつかったらプランクでいい。

両ひじを床につけて、身体を支えるポーズ。見た目ほどには楽じゃなくて、体力づくりをしていない人なら10秒ともたない。それを11秒、12秒、30秒、１分と延ばしていき、２分できればＯＫだ。あとは毎日続ければいい。

それが根底で「自信」と「大切なものを守る力」を培うんだ。

あなたは自分の願いが大切ではないのか？　そんなことはない！……よね。だったら怒りを認めよう。

その上で筋力をつけよう。それが願いをかなえる力に結びつくんだ！

◉亡霊の正体：いい人でいなければいけない
◉アクションプラン：筋トレ（限界まで腕立て伏せ、プランク2分など）
◉するとこうなる：テストステロン（ホルモンの一種）が出て、戦う力になる。
いざとなったら、生き延びる「自信」が身につく

「思い込みの亡霊」を退治するアクション4

（´ー｀）

ある有名ブロガーが「自転車で飲み会に行きました」と投稿したら、「帰りは飲酒運転だ！」とTwitterで炎上していたのを見た。

飲まない人かもしれないし、タクシーで帰るかもしれないじゃん。

たしかに、この社会に法律、規範、常識は必要。なければ社会秩序が崩壊してしまうから。だけどその辺は、国と共同体に任せておけばいいんじゃないかな。

法に触れることをしたら国（司法）に判断を委ねればいい。法に触れずとも、人道に背くことをしたら、人々は見放す、つまり共同体から自然と追い出されるわけでしょ。

だけども、人はいざ「正義」の側に立つと、どこまでも残酷になれるみたいだ。

ネット上の誹謗《ひぼう》中傷なんかそう。番組内でちょっと悪い態度をとっただけで、大勢でその人を攻撃する。それで自殺した出演者もいた。そもそも悪い態度だって番組の演出でしかないのに。

子どものいじめもそう。いったん「きもい」ってレッテルが貼られてしまうと、その人はいじめてもいい対象になる。「きもい」を滅ぼすことこそが正義となり、いじめは正当化され、集団で傷つける。

人はなぜ「正義」の名の下でそうまで残酷になれるのか。

それは人間の本能なのだ。生きていくには常に「判断」が強いられる。雨後の水たまりに釣り糸を垂らす人はいないけど、それも一種の判断だ。生きるためには魚がいる池を探す必要がある。「ここには魚がいる」と判断する。この論理で言うなら、魚がいる池が正義であり、魚がいない水たまりは悪となる。

だから、人は水たまりに対して「ここには魚がいない」とレッテルを貼り、人々に知らしめ、徹底的に水たまりをスポイルするんだ。ただ、水たまりは絶対的に悪なんだろうか？

コロナ禍において、マスクは必需品。〝自粛警察〟はコロナから人々を守るためには、ぶん殴ってでもマスクをつけさせる。それが正義だからだ。

しかし、2020年8月、熱中症で病院に搬送された人は前年より6000人以上多い。その原因はマスクであり、熱中症は死に至る病でもある。

コロナで亡くなる小学生はほぼ存在しないけど、毎年熱中症で亡くなる子どもは悲しいかな一定数いるもんだ。そしてマスクはさらにたくさんの人を殺すかもしれない。

いったい何が正しいのだろう？　**答えを言うと、絶対的な正義は存在しない。**

もしも、誰かに腹が立つことがあったなら、「自分は正しい」って思い込みがあるからだ。そう、**４番目の「亡霊」は、「自分は常に正しくなくてはいけない」という思い込みだね。**

よく聞く話だけど、夫や妻に腹が立つ。

もともとは好きで結婚したんじゃないの？

会社がブラックで、理不尽な扱いを受けている。

だけど、その会社を選んだのは自分だ。

能無しの政府のせいで生活が良くならない。

だけど、いい生活をしている人もいる。

腹が立つのは、そこに判断があるから。**自分が正義であることを前提としているか**

らだ。だけど、いつの時代にも絶対的な正義はない。

夫や妻が悪いと思っても、相手も同じことを思っているに違いない。

企業から見ると、自分は単なる使えない社員かもしれない。

無能なのは政府ではなく、むしろ自分なんじゃないか？

そう考えた方が、視野が広がって穏やかな気持ちになれるんじゃないか。

でも、そうは言っても腹が立つものは腹が立つ。そんな菩薩《ぼさつ》みたいな気持ちにはなれないよ！

ここでアクション！　菩薩の目をしてみよう。
具体的にはこうだ↓　(´ー｀)

腹が立っているとき、視点はその相手に集中している。

自分の方が正しいのに、自分は悪くないのに、相手はどうなんだ。

イライラと目に力が入っているに違いない。そこで、意識的に目の力を抜いてみる。

赤ちゃんはよくぼーっとしている。起きているのか寝ているのかすらわからない。

目の前で手をかざしても気づかない。

そのとき、視線は「点」ではなく「面」に向いているようだ。

ある一点を凝視するのではなく（中心視野）、この世の中全体をぼんやりと見ている（周辺視野）。そのぼんやりとした視野がまさに「菩薩の目」なんだ。

「悟り一歩手前の目」といえるかも。

腹が立ったら、菩薩の目。まずはトレーニング。

自分が相手に腹が立つように、相手も自分に腹が立っている。

お互いに正義があり、戦っている。

だけど、そんな戦い、いつになっても決着はつかない。**だったら、人間から一段上がって菩薩になればいい。**戦いの舞台から降りて、広い心で、善悪を超えた「愛のまなざし」で世の中を見渡すんだ。

判断（ジャッジ）から解放される。イライラしない。宇宙的な広い視野で世の中を、人生を俯瞰《ふかん》する。

すると、子どもたちを熱中症から守ることができるかもしれない。相手の気持ちがわかるかもしれない。

願いをかなえるための、新しい視野をもつことができるかもしれない。真理に近づけるかもしれない。

●亡霊の正体：自分は常に正しくなくてはいけない
●アクションプラン：「菩薩の目(´ー`)」をする
●するとこうなる：善悪を超えた宇宙的な視野で世の中を見渡し、真理に近づける。願いをかなえるための、新しい発想がやってくる

「思い込みの亡霊」を退治するアクション5
ユーチューバーにも必要な「アレ」！

オレは１９９７年に９か月間、世界一周の旅に出た。20か国以上を回ったけど、そこでわかったのは、英語はさほど国際語ではないってこと。東ヨーロッパ（ハンガリーなど）では外国語といえば英語ではなく、ドイツ語とロシア語。アラビア語圏の中東では観光地以外ではまず通じない。中国もそうだ。

結局、最終的に通用したのは「日本語」だった。

もちろん相手が日本語を理解しているわけじゃないけど、交渉や口ゲンカなんかは、下手な英語よりも日本語の方がはるかに通じる、気迫で通じる。

この世を上手《うま》く渡るのに、なんだかんだ最終的にはコミュ力（コミュニケーション能力）がものをいう。

仕事ができる、異性にモテる、人気がある、そういう人はだいたいにおいてコミュ力が高い。

お金とか恋愛とか、世の中の「願望」の大半は、じつはコミュ力でなんとかなるもんだ。そこでコミュ力アップにとって重要なのは、ひとつは度胸。

英語がしゃべれなくても、度胸があれば旅は楽しい。

中学から大学まで10年も英語の勉強をしてきて、日本人の多くはほとんど英会話ができない。**なぜなら、「きちんとしなければならない」って思い込みがあるから。そしてこれが、5番目の「亡霊」だ。**

実際、インドでもシンガポールでも、英米の英語からするとめちゃくちゃ。それでも通じるのは「これでいい」と思っているから。きちんとしゃべろうと思えば思うほど萎縮して、結局、言葉が出てこなくなる。

だけど、度胸のない人に、「もっと度胸をつけて！」なんて言うのも残酷な話。

それに、ここでは誰もが簡単に、願いがかなうようになるアクションを提案するんだから、「度胸」は却下だ！

では、コミュニケーションが苦手で、引っ込み思案で、おまけに度胸もない人が即座に「コミュ力高し」になるにはどうすればいいのか？

答えは「滑舌」だ！

じつは「滑舌」って言葉、最近まで国語辞典に載ってなかった。そもそもアナウンサーの専門用語であって、一般語じゃなかったそうな。

それでも、ここまで浸透したのは、お笑い芸人がしきりに使いはじめたからだと思う。「お前、滑舌悪いねん」という評価は、芸人としてはかなり致命的。そりゃそうだ。芸人は「言葉を伝える」ことで成り立つ商売なんだから。

とある地域を旅しているバックパッカーは、なぜか不思議と、ペラペラになってしまう言語がある。それはスペイン語。

聞くところによると、スペイン語の文法はけっしてやさしくはない。それでも割とマスターしやすいのは「発音」が日本人になじむから。

南米をヒッチハイクで縦断したドロンズは、早い段階でスペイン語をマスターし、現地人相手にネタを披露していた。ボクシングの亀田三兄弟の三男・和毅氏はメキシコで活動するが、流ちょうなスペイン語でジョークを飛ばしていた。

かっこ良く巻き舌で英語の発音をしても通じにくい。何度も「え？」って顔されたら、だんだんと自信もなくなるもんだ。それに対してスペイン語は基本カタカナ読みで通じる。だから、「え？」の回数がだいぶ少なくなる。

日本語も同じで「え？」と言われなくなると、コミュニケーションにも自信がもてる。その秘訣《ひけつ》が「滑舌を良くすること」なんだ。

では、どうやって良くするか？

ここでアクション！「あ・え・い・う・え・お・あ・お」

聞いたことある人も多いと思うけど、アナウンサーや劇団の人たちの発声練習のひとつ。オレの心のメンターでもある営業の神様・加賀田晃先生の営業研修でも実践した。対人折衝において大切なのは、流れるようなトーク力というのが、加賀田先生の教えのひとつ。

オレはいま、営業の仕事こそしてないけど、いまの仕事に「あ・え・い・う・え・お・あ・お」の発声練習はめちゃくちゃ役に立っている。

そう、YouTubeだ。オレの動画は台本もない、ほとんど編集もしない、漠然とテーマだけ思い浮かべてバババ〜っとアドリブでしゃべって終わり。

この芸当を支えるのがまさに「滑舌」だと思うんだ。

腕立て伏せやプランクがすぐにできるように、この発声練習だって、場所さえ気をつければすぐにできる。車があれば、車内がおすすめ。

「あ・え・い・う・え・お・あ・お」は、最初ゆっくり区切ってやればいい。

音楽用語でいうならスタッカートで。同じテンポで「か・け・き・く・け・こ・か・こ」「さ・せ・し・す・せ・そ・さ・そ」「た・て・ち・つ・て・と・た・と」……「わ・ゑ・ゐ・う・ゑ・を・わ・を」とすべての行で行う。それを徐々に速めていく。

このトレーニングの最大の利点は、筋トレやジョギングほどには一般に浸透してないこと。**つまり、やればやるだけ「差」がつくんだ。やんないと損だよ。**

コミュニケーションに、度胸もいらない、知識もいらない、技術もいらない。

まずは発音。物理的に滑舌を改善するだけで、しゃべりに自信がつく。

人類史の中でも、ホモ・サピエンスがネアンデルタール人に勝った要因として、発話システムが発達していたって説がある。

思ったことを「物理的」に言葉として表現できるだけで、この世はどんどん楽になる。ホモ・サピエンスは滑舌で生き残ったのだ！

「きちんとしなければならない」なんて思う必要はない。

「あ・え・い・う・え・お・あ・お」と言葉の筋トレをするだけで、いまよりももっと生きやすく、人生が楽しくなるもんなんだ！

◉亡霊の正体：きちんとしなければならない
◉アクションプラン：「あ・え・い・う・え・お・あ・お」など発声練習
◉するとこうなる：物理的に「滑舌」が良くなることで、言葉が通じやすくなり、コミュニケーションが楽しくなる。コミュ力が高まることで、生きる力が磨かれる

「思い込みの亡霊」を退治するアクション6
第三の目！

オレは〝おばあちゃん子〟だった。

おばあちゃんが亡くなったのはオレが20歳のとき。

だけど、じつはそれ以降の方が存在を強く感じるようになった。いま、この瞬間もそうだ。

会社を辞めて独立してから15年、その間、何かとピンチになることがあったけど、そのたびに「おばあちゃん、助けてくれや」とつぶやくと、どっからか「よっしゃ」と声が聞こえ、間もなく本当に助かってしまう。

「どっからか」と言ったけど、正確に言うと、「右上」からよく聞こえてくる。

会社を辞めるときも「もう、辞めていいよ」と聞こえてきたのだけど、それも「右上」からだった。

この辺の理屈、いまなら納得できる。一般的に「時間軸」を引いたとき、左が過去、右が未来ってなるよね（２１９ページ図参照）。

おばあちゃんのように守護霊と言っていいのか、**見えない存在からかけられる「声」って、じつは「未来」から来てるんじゃないかって思うんだ。**

「過去」は記憶としては脳に収納されている。

それに対して未来はまだ起こってないことで、文字通り「未《いま》だ来ず」。

でもじつは、未来はすでに決まっているんじゃないかって思うことがある。

「会社を辞めていい」って声、これがあまりに強く、確信に満ちて聞こえたのも、「助けて」に対して「よっしゃ」と返ってきたのも、「未来のオレ」がおばあちゃんの声で未来を見せてくれているからかもしれない。

185ページの図をもう一度見てほしい。

未来からの声は、まさに③の「どうすれば?」に対する答えなんだ。いままでお伝えしてきた「思い込みの亡霊」の1から5まで、それぞれ、つぎの5つだったね。

1　欲張ってはいけない

2　自分で決めてはいけない

3　いい人でいなければいけない

左が過去・右が未来

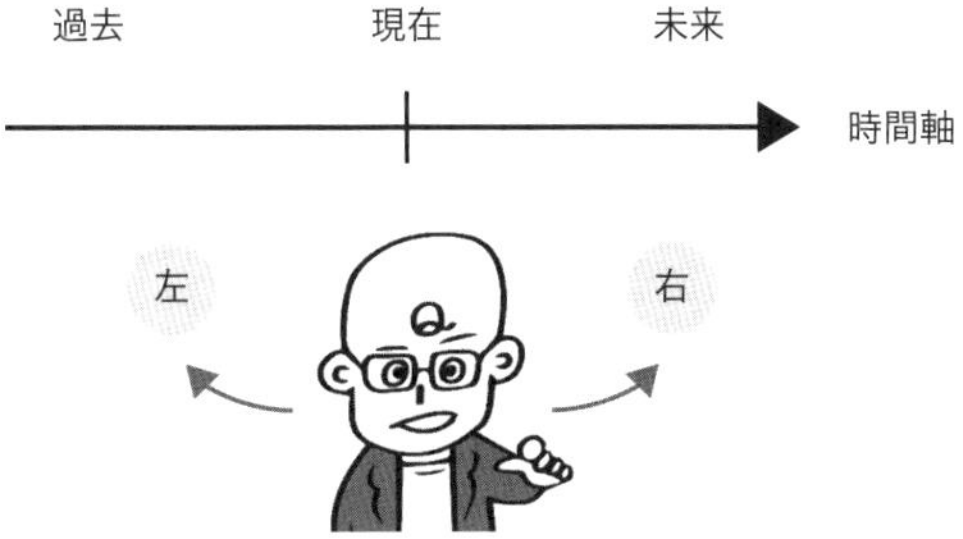

4　自分は常に正しくなくてはいけない
5　きちんとしなければならない

これが無意識の思い込みである185ページの図の①（無理だ！）。

それに対して、「本当か？」と疑い、そのための「アクション」を提示してきた。

そこで自然とつぎの段階である、「どうすれば？」に移るわけだけど、その答えがまさに「右上」からやってくるわけだ。

さて。いま、「右上」の決まった未来からメッセージがやってきた。

・コロナはいずれ終息する
・コロナによって人類は大きく進化する

うん、誰もが思いつくような文言だろうね。

でも、異論をはさむ人はまずいないと思う。

この2つのありきたりのメッセージ。**「ありきたり」と誰もが感じるなら、それがま**

さに「未来からのメッセージ」に違いない。

未来は決まっている。「いま、ここ」の延長に未来があり、最高の答えが用意されている。しかし人は、「未来はわからない」と決めつけている。

これが6番目の「亡霊」の「未来を知ってはいけない」だ。

「どうすれば？」と「右上」に質問すれば、必ず未来から答えがやってくる。弥勒《みろく》菩薩が56億7000万年後の未来から人々を救済するように、正解はすでにある。

ではどうすれば、スムーズにその答えを受け取ることができるのか？

ここでアクション！　瞑想《めいそう》！

いま、目の前のピンチに直面して、静かなところで目を瞑《つむ》って「どうすれば？」と問いかけてみる。**視覚と聴覚が遮断されたとき、そこで起き上がるのが「第三の目」に宿る「直感」だ。**

それはまさに「未来」を見る目。

瞑想と聞くと、やり方を気にする人がいるかもしれないので、いくつかポイントのみ。まず、瞑想には2通りある。

1．目的瞑想

問題解決、願望実現など特定の目的のために瞑想する。**「脳の右上（右前）」に対して「どうすれば？」と問いかけながら静かに目を瞑る。**無理やり答えを探そうとする必要はない。大切なのは、ただ「質問するだけ」だから。

するとふっと力を抜いたときに、右上から声が聞こえるかもしれない。もちろん「声」といっても物理的に聞こえてくるわけじゃなく、**まるで声のように心に響く感覚と言っていい。**

脳は質問には必ず答える。「なぜ、ダメか？」と問うと、ダメである理由を状況などで答えを提示してくる。「どうすれば？」と問うと、これまた素直にメッセージで答えてくれるんだ。

2．無目的瞑想

目的もなくただぼーっと目を瞑る。**質問もしない、考えない。**意識的に無意識になる。これは直感力を鍛えるトレーニングともいえる。

いわゆる「第三の目」が活性化され、大切なことに気づきやすくなる。「虫の知らせ」を受けやすくなる。未来からのメッセージに敏感になる。

いずれも時間は「15分以内」が望ましい。

あまり長くやりすぎると、快楽物質（ドーパミン、セロトニン）が出すぎて癖になる。もちろん快楽物質を出すことが目的なら、それはそれでいいけど、それはオレの趣旨じゃない。

あくまで人生をリアルに生きることがベースで、具体的な願いをかなえていきたいわけ。どんな状況でも未来を意識し、そこから最善の答えを受け取る。その答えを信頼する。

15分以内であれば、１分でも10分でもいい。**瞑想を習慣化することで、直感力を磨く。**そうして言葉や理性を超越した「未来」から、自分にとって、そして人類全体にとってハッピーなメッセージを受け取ることができるだろう！

◉亡霊の正体：未来を知ってはいけない
◉アクションプラン：瞑想
◉するとこうなる：直感が起き上がり、「どうすれば？」に対する必要なメッセージを受け取ることができる

「思い込みの亡霊」を退治するアクション7
「地球最後の日に誰かが言うであろう一言」

スピリチュアルな情報発信をしていると、決まって聞かれる質問がある。

それは「死後の世界」と「前世・輪廻《りんね》転生」について。

つまり「人は死んだらどうなるか」ってこと。まあ、だいたいのスピリチュアル発信者は、それなりの答えをもっているみたい。

オレも昔は死んだら別の世界に行くと信じていた。昔から言われるように、生前に良い行いをしていれば天国に、悪いことをしていたら地獄に行くとか信じていた。

そしてそこまで行くのに、三途《さんず》の川があって、向こう岸で亡き親族が手招きしている……わけだ。ときどき生き返る人はその手招きを振り切って戻ってきたんだって。

だけど、あるとき考えた。誰が確かめたんだろう？

三途の川まで行ったっていう人はたくさんいるけど、そもそも「生き返った」ってことは死んでない。たしかに事故とか病気で「死にかけた」のはそうだろうけど、いま生きているなら、その人は死んでない。

「死」とは永遠に戻ってこられない状態を言うんじゃないか！

オレがそう主張すると、あるスピリチュアリストは「30分間、心肺停止していたら、死なんです」って反論してきた。おいおい、待てよ！　30分間って誰が決めたんだ？　人間だよね！　なら29分なら死んでないわけか？　医学の法律だか慣習だかが変わって、40分とか1時間になったら、それで「死」の概念が変わるわけ？

どんなに瀕死《ひんし》の状態に陥っても、生きているなら、その人は死んだことにはならない。生と死の境目は絶対的で、中間もなければ、行き来することもできない。

じゃあ、「死後の世界」とか「前世・輪廻転生」についてQさんはどう考えるのって聞かれたら……。

答えは「知らん」だ！

その真理に到達したとき、笑いが込み上げてきた。「死後の世界」なんて絶対にわからないことに対して、あーだこーだと議論するって誰得かな？

正直、これから先、どんなに科学・医学が発達しても、「死後の世界」を客観的に知ることは永遠にない。

だったら、そんなことを考えるの、オレは無駄だと思うわけ。

もちろん哲学・宗教としての死生観は大切だ。だけど、「死後の世界」を完全に無視して生きるのも、立派な哲学・宗教だよ。

死後の世界、知らんもんは知らん。だとしたら、大切なことは何か？

それは圧倒的なリアリティ、生きることなんだ。

「いま、ここ」なんだ！

「毒矢のたとえ」という有名な説話がある。

突然、毒矢が飛んできてぶっ刺さった。この矢は誰が放った？　なんのために？　弓はどんなんだ？　弦は？　羽は？

おい、何やってんだ！　そんな議論する前に、早く矢を抜けよって話。

人ってさ、とかく「わかる」ってことにこだわるよね。

もちろん「わかる」を探求してきたからこそ、生活はどんどん便利になっていった。大切なこと。**だけど、あまりに「わかる」を追い求めるがゆえに、「いま、ここ」にリアルに生きることを忘れてるんじゃないかな。**

ほんと、わからなくていいんだよ。6番目の「亡霊」と矛盾するように聞こえるかもしれないけど、そうじゃない。「わかる」も「わからない」も共に真理なんだ。人類の歴史は「わかる」ことに費やされて、そのおかげでいまの便利な世の中があるのは事実。

だけど、あまりに「わかる」を追求しようとするため、いつしか「わかる」に忙殺され、わからないことを悪とさえするときもある。

それが最後の「亡霊」、「わからなくてはいけない」だ。

インドを旅するのに、インドがどんな国で、どんな文化で、どんな人がいるかって、わかる必要ないよね。マジ、どうでもいい！

それより大切なのは、旅そのものを楽しむってことじゃないかな？　じゃあ、楽しむってどうなんだ？　どうすれば楽しめるんだ？

ここでアクション！　笑うんや。


オレ、20代後半の一時期、完全なニートになってたことがあった。入ったばかりの大学院が合わずに辞めて、アルバイトも雇われず、無気力に生きているとき、ネットもなくテレビだけが楽しみだった。

そんなある日、松本人志が出演する教師もののドラマを見ていたら、こんなセリフに出くわした。同僚教師（中居正広）の「人間はなんのために生まれてきたのか？」って問いかけに対し、こんなふうに答えた。

「笑うためや、笑うことが人間に唯一与えられた特権や」

それを聞いたとき、ハッとなった。大学院を挫折してから、オレはほとんど笑ってなかった。人間は笑うために生きている。なんてシンプルなんだ。

同じく吉本芸人の中山功太が、「R-1ぐらんぷり」の決勝、いわゆる「あるある」を連続するネタのラストでこんなセリフがあった。

間もなく「地球最後の日に誰かが言うであろう一言」をお知らせします。

プッ、プッ、プッ、プー（時報）

「皆《みんな》、わらお」

ああ、言いそう。悟りをひらいたっぽいスピリチュアル好きが言いそう。

地球最後の日に何やりたいか。うまいもん食ったり、酒飲んだり、好きな相手とエ◯チしたり……まあ、いろいろ思いつくけど、それらをひとつにまとめると、結局、「笑う」に行きつくわけだよ。

地球最後の究極が「笑う」だったら、その究極をいまもやっていいわけだ。

ていうか、やらないのはもったいない。この尊い人生で。

「笑う」は喜び。宇宙は「喜び」しかないんだよ。つまり、神なんだ。願望実現編の究極は真の喜びにつながること。ということは、宇宙。どんどん良くなる神意識。

ネイティブアメリカンの哲学では、「周りは泣いているが、自分は笑っている」で生涯を閉じるのが理想だと言われている。

笑ってる赤ちゃんだって、神そのもの。笑うことで神になれるなら、いま、笑えばいい。

幸せだから笑うんじゃない、笑うから幸せなんだ。他に何もいらない。〝わらお〟。

●亡霊の正体：わからなくてはいけない
●アクションプラン：笑う
●するとこうなる：神意識につながる

エピローグ

未来は明るい！　どんどん良くなる！

もう、あきらめてください！

どうやら、最後まで読んでしまったようですね?!　ひとまずは著者として、素直にありがとうございます！

本書の最後でもうひとつお伝えしたいこと。

それは、**「もう、あきらめてください！」**ってことだ。

つまり、この本を最後まで読んでしまったが最後、もう、**不幸になる選択肢がなくなってしまったんだ。**

なぜなら「どんどん良くなる」って宇宙的真理を知ってしまったから。

でも、「いや、読んでもわからなかった」……という人がいるかもしれない。

わからないって人は、途中で読むのを放棄しているから。

この辺のロジック、じつはYouTubeでもしょっちゅう使っている。動画の場合はだいたい最初の2秒でドサッと離脱し、その後、徐々に離脱者が増えていって、**最後まで見てしまうのは、オレの動画でだいたい6割くらい。**

これってかなりすごい数字だ。有名なビジネス系ユーチューバーたちは「10分以上

の動画で4割の視聴維持率を目指そう」って言っているのだから。

ともあれ、オレの動画でいうなら、だいたい6割くらいの人が最後まで離脱せずに見てしまっている。**その結果、頭がおかしいレベルに（いわゆる、あたおか）、ピーハツを受け入れちゃっているんだ。**

この本も同じ。オレは5か月にわたる執筆期間（オレとしてはかなり時間をかけた）、筆圧に「どんどん良くなる」をぶち込んで、潜在意識にババババ〜っとインストールする仕掛けをしてきたんだ。

とにかく、あなたは人生の貴重な時間を投入し、最後まで読んでしまったのは事実。

まずはそのことを素直に受け入れ、人生はどんどん良くなるし、どうせ良くなるっ

て前提で、ヘラヘラと生きていけばよろしい。

もう、ピーハツにしかなれないんだから、マジであきらめてくださいね！


その上でさらに「魔法」をかけよう！

「これから『すごいこと』がどんどん起こります！」

48時間と言わず、毎日、毎時間、毎分、毎秒、これからずっとず〜っと「すごいこと」が起こりつづけるから、めっちゃ楽しみにしていてほしい。


結局、世の中は見ていることしか現実にならない。

どんどん良くなる、どうせ良くなる、「神として」生きているなら、「すごいこと」など起こって当然。

もう一度言うけど、この本を最後まで読んだのが事実。ファクトフルネス。

だったら、素直に楽しもう。余計なことを考えず、焦らず、無理せず、楽しみながら、すごい人生を歩んでいこう。マジでワクワクしかないよね。

波動が変わった！　やっぱりどんどん良くなる！

この本を書いている7月半ば。ちょうど「右上」からこんなメッセージがきたんだ。

「8月1日から波動が変わる」

何がどう具体的に変わるかまでは受け取ってないけど、とにかく「波動が変わる」ってメッセージだけがやってきた。

その声にジャッジせずに素直にYouTubeでも配信した。

そして8月1日に何が起こったかというと、関東甲信・東海地方では**2020年、観測史上まれに見る「長く、激しい梅雨」がパッとあけて虹が出た。**

ちょうどその日、東京都内で140人のパーティを主催した。

新型コロナウイルスの新規感染者が爆増している最中に、かなりクレイジーな企画だったと思う。だけど、それから2週間がたち、参加者さん誰ひとりとして影響なく過ごした。そして、ドヤ顔で勝利宣言！

8月1日、そのパーティに参加したある方が言っていた。

「この場は近未来だ！　外では皆どんよりと曇っているけど、この会場内だけは異世界のように輝いている！」


どうにかなるさ。もちろん無理、無茶、無謀は禁物だけど、現実的な対応をしつつ、心の中だけは「お花畑」にして、明るく前を向いて進んでいきたいよね。

すでに波動は変わった！　バイブレーションが高まっている！

2020年って年は世界規模で大変革の1年。生活様式が変わり、意識変革、技術革新も進ん

だ。

去年よりも今年、今年よりも来年。

そして昨日よりも今日、今日よりも明日。

どんどん良い時代が展開していく。それだけが、宇宙的な真実なんだから！　お気楽に、そして、皆《みんな》、わらお（笑）。

さて、本当に最後の最後になった。

サンマーク出版での前作『運がいいとき、「なに」が起こっているのか？』から5年がたち、当時生まれたばかりの三男は5歳に、次男は8歳、長男は11歳になった。

オレももちろん成長した。ユーチューバーにもなった。

そしてちょくちょくハッパをかけつつ、見守ってくれていたサンマーク出版の金子尚美さんは新たに「編集長」として、今回も担当していただいた。

なんやかんや周りの人たちも、どんどん成長し、世界はどんどん良くなっていると改めて実感する。

金子さんをはじめ、サンマーク出版代表の植木社長、今回もありがとうございました！　そしてオレの本やブログ、YouTubeを見てくれている皆さん、そして愛する家族のおかげで楽しく本を書き、世に出すことができました。

未来は明るい！　どんどん良くなる！

これからも、どうぞよろしく！

石田久二（Qさん）

参考文献

『アルケミスト』パウロ・コエーリョ著／山川紘矢、山川亜希子翻訳（KADOKAWA）
『FACTFULNESS（ファクトフルネス）』ハンス・ロスリング、オーラ・ロスリング、アンナ・ロスリング・ロンランド著／上杉周作、関美和翻訳（日経BP社）
『戦前の少年犯罪』管賀江留郎著（築地書館）
『サピエンス全史』（上）（下）ユヴァル・ノア・ハラリ著／柴田裕之翻訳（河出書房新社）
『ホモ・デウス』（上）（下）ユヴァル・ノア・ハラリ著／柴田裕之翻訳（河出書房新社）
『BLUE GIANT』石塚真一著（小学館）

石田久二（いしだ・ひさつぐ）

社会派スピリチュアル・ユーチューバー、ブロガー。

1973年大阪府出身、福岡県在住。大学卒業後、世界を放浪。帰国後は大学院に進学するもあえなく挫折。27歳で完全ニートとなる。その後、激務と生活の苦しさから4年半で会社員生活にピリオドを打つ。退職する前年、スピリチュアルな目覚めを経験し、ライフワークとなるブログと滝行をスタート。その後、セミナー講師、作家として活躍する。

2018年YouTubeチャンネル「宇宙となかよし／Qさん」を開設。瞬く間にスピリチュアル系人気No.1ユーチューバーになり、2020年9月登録者数10万人突破。ときに社会問題を論じながらも、ポジティブで愉快痛快、そして魂を揺さぶるエモーショナルなトークには定評がある。

著書に『夢がかなうとき、「なに」が起こっているのか?』『運がいいとき、「なに」が起こっているのか?』（共に小社刊）など多数ある。

◎**ブログ　宇宙となかよし**　https://katamich.exblog.jp
◎**YouTubeチャンネル　宇宙となかよし／Qさん**
https://www.youtube.com/channel/UC-fWGfiX-T1YdqaUZvMJBHg

どんよくの法則

2020年11月10日　初版発行
2020年12月10日　第2刷発行

著　者　石田久二
発行人　植木宣隆
発行所　株式会社 サンマーク出版
東京都新宿区高田馬場2－16－11
（電）03－5272－3166
印　刷　株式会社暁印刷
製　本　株式会社村上製本所

ISBN978-4-7631-3850-7 C0030

ホームページ　https://www.sunmark.co.jp